江苏省教育科学规划重点课题"共同体视域下高职教育产教融合发展路径研究"（项目编号：B/2022/02/76）
江苏省社会科学基金项目"江苏红色基因全程融入高职教育的路径研究"（项目编号：22MLD006）
2022年度扬州市社科联重大课题资助出版项目
2020年度江苏高校青蓝工程项目资助
江苏省高校思想政治理论课"名师工作室"系列研究成果

历史制度主义视角下的
新中国职业教育政策变迁

（1949—2019）

武 智 著

江苏大学出版社
JIANGSU UNIVERSITY PRESS
镇 江

图书在版编目(CIP)数据

历史制度主义视角下的新中国职业教育政策变迁：1949—2019 / 武智著. — 镇江：江苏大学出版社，2023.5
ISBN 978-7-5684-1892-8

Ⅰ. ①历… Ⅱ. ①武… Ⅲ. ①职业教育－教育政策－研究－中国－1949‐2019 Ⅳ. ①G719.20

中国版本图书馆 CIP 数据核字(2022)第 227561 号

历史制度主义视角下的新中国职业教育政策变迁(1949—2019)
Lishi Zhidu Zhuyi Shijiao Xia De Xin Zhongguo Zhiye Jiaoyu
Zhengce Bianqian(1949—2019)

著　　者/	武　智
责任编辑/	杨海濒
出版发行/	江苏大学出版社
地　　址/	江苏省镇江市京口区学府路 301 号(邮编：212013)
电　　话/	0511-84446464(传真)
网　　址/	http://press.ujs.edu.cn
排　　版/	镇江市江东印刷有限责任公司
印　　刷/	江苏凤凰数码印务有限公司
开　　本/	718 mm×1 000mm　1/16
印　　张/	14.5
字　　数/	232 千字
版　　次/	2023 年 5 月第 1 版
印　　次/	2023 年 5 月第 1 次印刷
书　　号/	ISBN 978-7-5684-1892-8
定　　价/	50.00 元

如有印装质量问题请与本社营销部联系(电话：0511-84440882)

序

　　中华人民共和国（下称新中国）成立以来，职业教育日益成为联结教育、职业和经济社会发展的重要纽带。而职业教育政策不仅是规范职业教育发展方向和路径的指针，也是国家重视职业教育发展的真实写照，更成了职业教育事业发展的动力源泉。可以说，新中国职业教育政策经历了不断调整、丰富和完善的历程。本书作者武智博士自参加工作尤其是攻读博士学位以来，一直满怀热忱地关注和潜心研究职业教育及职业教育政策史，围绕职业教育变迁主题收集整理了国内外大量的相关文献，进行了系统梳理和扎实研究。在《历史制度主义视角下的新中国职业教育政策变迁（1949—2019）》一书即将付梓之际，武智博士盛情邀我为本书做序，这是一件值得高兴的事情，我欣然命笔，谈谈我的几点感受。

　　一直以来，学界对职业教育政策的研究方兴未艾，可以说，对职业教育政策本身的研究日益成为"显学"。作为历史学博士，本书作者较早地从历史制度主义视角提出并关注新中国职业教育政策变迁的命题，援引历史制度主义的时间观，将关键节点、序列、事件等引入职业教育政策变迁历史的追溯之中，对职业教育政策变迁进行了系统界说，这样的尝试是非常需要学术勇气的，值得赞赏。

　　本书给我的第一感受是，作者对职业教育及政策变迁领域比较熟悉，理论功底较好，文笔较流畅，论证与逻辑结构严谨。全书紧扣职业教育政策变迁这一核心命题展开论述，从历史制度主义独特的时间观、历史观和制度观出发，尝试对新中国成立至2019年这70年间的职业教育政策变迁进行系统梳理、分类，深刻阐释了政策文本的丰富内涵并对职业教育政策发展演变进行合理归因，揭示不同历史阶段职业教育政策的主要特征和政策演进的可能路向。本书对总结新中国职业教育政策变迁经验和规律方面做了重要的学术探索，具有较高的学术价值与现实针对性。

史料文献是开展历史研究的基础和前提。本书作者对相关史料文献掌握得较为全面，并在对基础史料进行梳理的基础上，就新中国成立七十年职业教育政策变迁的一系列重大问题及当下学界热议的学术问题，进行了颇为详尽的论证与解答。从结构上看，本书主要分为五个部分：

第一部分（引论）采用纵横结合的方式展开理论架构，辨析历史制度主义、职业教育、职业教育政策等相关概念，构建了职业教育政策变迁和路径依赖的分析范式，形成了"宏观结构—中层制度—微观行动者"的解释框架，作者对相关研究的学术史梳理全面系统，对自己研究与前人研究的区别与联系了然于心，尽量在宏观把握和细致考察的基础上突破前人的微观研究。

第二部分（第一章）介绍了历史制度主义视域下职业教育政策变迁的分析框架，重点从政策研究的基本范式、历史制度主义的基本内容和分析方法切入，分析职业教育政策变迁的历史逻辑、现实逻辑和制度逻辑。

第三部分（第二至三章）对新中国职业教育政策七十年的变迁进行分阶段研究。具体而言，改革开放前职业教育政策变迁分为过渡时期的职业教育政策（1949—1956）、社会主义建设探索时期的职业教育政策（1957—1977）两个阶段。改革开放至新中国成立七十年间的职业教育政策变迁包括职业教育内在需求发展阶段的政策（1978—1989）、职业教育巩固提高发展阶段的政策（1990—1998）、职业教育深化改革发展阶段的政策（1999—2009）、职业教育内涵提升发展阶段的政策（2010—2016）和职业教育高质量发展阶段的政策（2017—2019）五个方面。这部分是本书的主体内容，重点从政策环境分析、主要政策文件及内容、政策主要特征及实际影响等方面进行系统梳理和归纳小结。研究过程中从经济发展、政治体制、文化观念等宏观因素出发，分析各要素之间的结构性互动及其影响，试图通过追寻事件发生的历史轨迹找出过去对现在的重要影响。重在强调不同时期职业教育政策的特殊性，考虑制度内生机制的影响和偶然因素的影响，体现职业教育政策变迁鲜明的渐进性和时序性，力求生动地呈现出职业教育政策变迁的历史。

第四部分（第四至五章）新中国职业教育政策文本与话语分析，主要关注新中国成立七十周年间职业教育政策文本的数量、颁布机构等要素，通过量化统计和分析不同职业教育政策的话语属性和话语演变的特点，对新中国职业教育政策变迁进行动因、路径依赖和效能分析。

第五部分（第六章）在揭示新中国职业教育政策变迁的基本规律整体上呈现出"断裂均衡"的特征基础上，从新时代职业教育发展需求角度出发，分析了职业教育政策变迁的基本规律与历史经验，合理预判和凝练揭示了职业教育政策优化的应然走向和经验启示。

在研究方案的设计上，本书作者特别注重坚持历史唯物主义，自觉运用历史制度主义的理论与方法，将历史与制度进行结合，把新中国成立后中共中央、国务院及各级政府部门在从站起来、富起来到强起来的过程中出台的一系列职业教育政策文件作为主要研究分析对象，将理论研究与实证研究相结合。这样的架构有其合理性，各章节之间眉目清晰，不存在牵连不清的问题。

虽然研究职业教育政策的著述早已有之，研究内容和方法也各异，但从历史学科特点出发开展研究的优秀成果不是很多。本书以新颖的历史制度主义视角对职业教育政策变迁研究提出了新的研究理路。从目前既有研究情况看，整本著作逻辑清晰、观点鲜明、史料翔实、写作规范，结论水到渠成，可为各级教育主管部门推进职业教育政策的优化提供参考，具有重要的学术价值和现实意义。

特撰此文，是以为序。

全国职业院校教学工作诊断与改进专家委员会副主任委员兼秘书长，常州工程职业技术学院原党委书记，研究员

2022 年 10 月

目　录

引　论

　　职业教育是当代中国参与国际人才竞争的一个重要平台，是联结教育、职业和经济社会发展的重要纽带。职业教育政策是规范职业教育发展方向和路径的指针，有助于职业教育健康、持续发展①。一直以来，国家都非常重视职业教育发展，并结合职业教育发展的实际情况和特点，出台了一系列支持和引导职业教育发展的政策，这些政策的出台不仅是国家重视职业教育发展的具体写照，也成为职业教育事业发展的动力源泉②。新中国职业教育政策见证了职业教育的发展，在政策调整过程中逐步形成了与职业教育同步的政策演进史③。职业教育政策充分体现了新中国职业教育发展的时代特征，也从一个侧面印证了职业教育的历史嬗变与未来走向。

一、研究职业教育政策变迁的意义

（一）有利于新时代我国经济高质量发展

　　当前，我国职业教育正在快速发展，并迎来了难得的机遇期。2015 年，我国有 15 所民办高等职业技术学院在国家政策引导下正式升级为大学，进一步推动了职业教育向高层次发展，并将职业教育延伸到本科层次。在建设教育强国的今天，我们必须始终坚持教育现代

---

① 王春燕、侯光：《国外职教法对我国职业教育法修订的启示》，《中国职业技术教育》2014 年第 15 期。

② 康元华：《产业结构演变与职业教育的互动关系》，《经济研究导刊》2011 年第 33 期。

③ 王春燕、侯光：《国外职教法对我国职业教育法修订的启示》，《中国职业技术教育》2014 年第 15 期。

化发展思路，将办好人民满意的教育作为主攻方向，对职业教育的内涵特征和作用加以明晰，并在此基础上找准职业教育未来发展的路径。以历史制度主义为视角分析新中国职业教育政策变迁，找寻职业教育改革和创新的逻辑起点，有助于系统、全面、整体把握职业教育政策演变的规律。当前，中国正处于从制造业大国向制造业强国转变的关键时期，对技术技能型人才的需求量越来越大，同时也对技术技能型人才的能力和综合素质提出更高要求。从当前来看，中国高级技术人才缺口还很大，普通技术技能型人才同样供不应求，在一定程度上制约了中国制造业的高质量发展，也影响和制约了中国经济高质量发展。该问题产生的重要原因，就在于职业院校人才培养的质量与企业对人才的要求之间还存在差距，职业院校与企业之间在人才培养和使用上还没有形成有效对接。随着中国改革开放的不断深入，职业教育的经济功能和社会功能日趋完善，职业教育的作用越来越凸显，发展职业教育已经成为推动中国产业结构调整、实现经济可持续发展的重要举措。职业教育政策的作用和价值也同步凸显，越来越引发了社会各界的高度关注。

目前，新中国职业教育政策研究还存在一些悬而未决的疑难问题。例如：职业教育政策涉及的领域有哪些，职业教育政策的发展演进特点有哪些，等等。这些问题已经成为阻滞中国职业教育政策研究发展的桎梏。

（二）有利于我国职业教育向广域化拓展

当前，我国职业教育还存在理论与实践相分离、人才培养制度不完善、校企合作不紧密等问题。我国职业教育迫切需要将人才培养与生产实际相结合、与社会需求相结合，以实现提档升级、转型发展。为此，国家着眼职业教育发展实际，从政策层面推动校企合作和工学结合，将理论与实践结合在一起，以此优化职业教育人才培养模式，不断提升学生的实践操作能力和技术技能水平。以 1996 年《中华人民共和国职业教育法》的正式出台为标志，我国职业教育发展进入新的法制化发展阶段，职业教育健康发展有了法律保障。为了更好地推动职业教育发展，国家多次专门召开了全国性职业教育会议，具体部署职业教育重大攻坚任务，同时也颁布了多项职业教育政策。进入 21 世纪，国家把推进职业教育发展摆到了重要决策层面。

2002 年《国务院关于大力推进职业教育改革与发展的决定》的出台，为职业教育发展进一步指明了方向，以该文件颁行为标志，我国职业教育发展迎来了新的政策支撑和发展契机。经过三年的实行，为总结职业教育发展经验，明确下一步职业教育发展思路，2005 年，国家又出台了《国务院关于大力发展职业教育的决定》，强调了国家发展职业教育的必要性和重要性。可以说，正是在国家一系列政策推动下，职业教育发展获得了更大的动力，有效地提升了职业教育水平，通过职业教育有力地提升了国民素质，为经济社会发展输送了大量合格人才。当前，中国职业教育与产业发展结合得更为紧密，并展现出职业教育特有的价值和作用。综观世界各国，特别是经济发达国家都将发展职业教育作为提升国力的重要战略加以落实。因此，我国更应该将发展职业教育作为国家强盛的重要选择，着力培养德智体美劳全面发展的社会主义建设者。职业教育的健康快速发展离不开职业教育政策的支持和推动。因此，有必要对新中国职业教育政策变迁相关问题进行研究，从中总结和发现职业教育政策的特点，积极寻找职业教育政策发展存在的问题，并提出解决问题的合理化建议，希望能够为未来职业教育政策的制定和优化提供一些有益的借鉴，从而更好地发挥职业教育政策研究的现实意义和实用价值。

（三）有利于我国开展全方位竞争

职业教育作为一种独立的教育类型，是我国国民教育的重要组成部分，在人才培养、建立人才成长立交桥、构建终身学习体系方面有着不可替代的地位和作用。新中国成立以来，为更好推进经济社会发展，国家相继制定了多项职业教育发展政策，职业教育经过 70 年的发展，在国家职业教育政策引导下已经形成了相对完善的职业教育体系。但由于历史和现实等原因，新中国职业教育层次和发展水平相对较低，与发达国家相比还存在很大差距，职业教育培养出来的人才很难满足当前经济社会高质量发展的实际需要。

从职业教育发展的具体实践看，很多职业教育政策明显滞后于经济社会发展的实际，能够发挥的作用相对有限。从美国、德国和日本等发达国家的职业教育发展历程看，这些国家的职业教育之所以处于领先地位，成为本国经济社会发展的助推剂，就是因为其职业教育与所在国的经济社会发展实现了深度融合和同频共振，所制定的政策契合了本国职业教育发展的需求。因此，我们有必要立足新中国职业教育发展的实际，对职业教育政策变迁相关问题进行研究和探讨，并找到推进职业教育高质量发展的内在动力。

（四）有利于在国家战略层面推动民族团结事业的包容发展

经过长期融合发展，中华民族多元一体的发展格局逐渐形成。因历史和现实的原因，各民族经济社会发展很不平衡，因地制宜地制定和实施职业教育政策，并在职业教育政策中体现和贯彻新中国处理民族事务、体现民族平等、维护民族团结和促进民族共同繁荣的基本政策思想，是构建社会主义和谐社会的本质要求，也是全面推进社会主义现代化国家建设和推动民族团结事业包容发展的重要支撑，更是实现中华民族伟大复兴的基本条件①。

二、职业教育政策的基本内涵

（一）政策的概念

"政策"一词属于现代产物，通常情况下，我国古代"政"和"策"是两个相对独立的词汇，一般分开使用。从词源上理解，政策是指与国家事务相关联的谋划和规章，通过政策落实来体现国家意志。《辞海》将政策解释为"国家、政党为实现一定历史时期的路线和任务而规定的行动准则"②。在学界研究中，国内外学者从不同视角出发对政策做出了多达几十种的定义，让人感觉莫衷一是。通过对学者观点进行归纳，大致可以将其分为三类：第一类学者认为政策是某种行为准则、计划、谋略或方案，是人们为了实现某项目标或完成某项任务，必须执行或遵守的文本规则；第二类学者认为政策是为了

---

① 武智：《民族团结教育中的包容策略》，《贵州民族研究》2018年第10期。
② 《辞海》编写组：《辞海》（第6版），上海辞书出版社，2009，第2926页。

实现某项目标或完成某项任务所进行的问题处理、价值分配等复杂的活动过程，这些学者认为政策是一个动态的线性过程，是在制定目标之后为了获得结果所进行的直线性的任务活动；第三类学者综合了上述两种观点，认为政策不仅是某种特殊文本，也是线性过程，在这一过程中有多个影响因素相互作用，进而推进复杂的"政策圈"（policy circle）不断前进，在这一过程中还会表现出有机的非线性特征，其影响因素包含文本形成、文本本身和文本修正等①。

政策既是动态过程，也是静态的结果呈现。有研究认为，关于政策的定义可以从广义和狭义两个层面理解。从广义层面看，"政策"被认为是政策法规的总和，这里探讨的政策法规涵盖的范围相对宽泛，包含法律条文等相关内容。从狭义层面看，政策专指政府的行政决定，相关的法律条文和内容并不包括在内。政策既可以作为政策现实运行动态的具体呈现，也可以表现为一种静态的结果。从动态角度看，准确地反映事物的本质特征和实际进展情况是政策的一大特点和优势。也有学者研究指出，政策是在特定时期，为实现或服务于一定社会政治经济文化目标，由国家机关和政党及其他政治团体所采取的政治行为或规定的行为准则②。因此，政策制定是有一定的目标性和任务性的，并体现鲜明的价值取向，其核心是以利益为基础。本书所使用的政策概念包含了相关的政策文件、法律和法规，既指国家为了实现某一项特定历史目标或完成某项任务，结合当时历史条件和具体情况所制定的具体行为准则；也包含为了实现这一目标或完成某项任务所制定的准则进行价值分配的过程。

（二）教育政策的概念

简而言之，教育政策就是与教育相关的政策活动。叶澜认为，教育政策实际上是教育规则，教育政策是党和政府为了推动教育事业发展而制定的各项方针。同时，叶澜也对教育政策、教育方针和教育法

① S. Taylor, F. Rizvi, B. Lingard, M. Henry, Educational Policy and the Politics of Change (London and New York：Routledge, 1997).

② 陈振明：《政策科学——公共政策分析导论》，中国人民大学出版社，2003，第50页。

规进行了区分，明晰了教育政策的具体特征①。从广义上界定教育政策就显得很宽泛，甚至有一些学者直接把党的教育方针、党和政府的教育法规也一并划入教育政策的范畴进行考察。

从概念角度，教育政策既指向静态的呈现与存在，也可观照某种调整社会关系与利益分配的动态过程。换言之，教育政策既是静态的存在，也是动态的过程。新中国的教育政策是党和国家为了推动教育事业发展，结合教育目的和目标制定的行动准则和行为规范，是国家为了贯彻教育路线、方针，引导人们统一意志和规范行为的重要依据。教育政策的具体呈现形式是多样的，既可体现为党的路线、教育方针，也可以上升为法律法规、行政规章和规范文件等，在教育改革发展中起着重要的价值导向和保障激励作用，是依法依规解决教育问题的重要依据。

教育政策一般与教育法律法规结合得比较紧密，在现实生活中教育政策常被人们理解为规范性文件，视同教育法律法规。其实教育政策与教育法律法规既存在共同之处，又存在一定的区别。从二者的联系看，教育政策与教育法律法规都具有强制性，都能够对社会关系进行调整和规范。作为法律化的教育政策，教育法律法规的制定需要遵从教育政策指导。从二者的区别看，首先，教育政策和教育法律法规在制定主体上存在明显区别，教育法律法规一般由立法机关制定，而教育政策则由政府部门制定。其次，教育政策与教育法律法规在执行上有所区别。教育法律法规的特点是执行上具有强制性，适用范围上具有普遍性，运行机制上具有稳定性、系统性等显著特征；而教育政策相对于教育法律法规显得不太系统，在稳定性方面也略逊一筹。

（三）职业教育政策的概念

作为国家教育政策体系的重要组成部分，职业教育政策是推动职业教育发展的核心动力。本书在厘清职业教育和教育政策概念的基础上，将职业教育政策界定为：党和政府按照职业教育发展目的制定的各类方针、方案、法律、行为准则规范等行动依据。

---

① 叶澜：《教育概论》，人民教育出版社，1998，第 148 页。

作为公共政策的下位概念，职业教育政策集公共政策一般特点和职业教育政策鲜明特征于一身。首先，客观地看，作为社会资源配置和社会价值分配的手段，国家制定的职业教育政策是动态解决职业教育发展突出问题的法定依据，代表的是国家意志，维护的是政策涉及的各类利益主体，在职业教育政策落实过程中必然会涉及经济资源的分配。因此，职业教育政策是对社会资源进行分配的手段。其次，职业教育是教育事业的重要组成部分，教育的本质是培养人、塑造人，与公共政策、环境政策不同，职业教育政策面向的是广大社会群体，通过落实职业教育政策对接受教育机会和接受教育的过程进行分配，职业教育政策落实过程对受教育结果会产生直接影响。

职业教育虽然不能产生直接经济效益，但能够通过培养高素质的技术技能型的合格劳动者，向企业和社会提供源源不断的人才，推动经济社会高质量发展。因此，职业教育政策的实施是间接的价值和资源的分配过程，对经济社会发展至关重要。

最后，职业教育政策相较于普通教育政策最大的不同是其政策主体更面向与职业教育密切相关的企业、学校、学生、行业协会和科研机构，职业政策的落实会对各个主体的行为和价值产生影响，职业教育自身的规律和特点，通过职业教育政策的内容和价值取向得以体现。本书所使用的职业教育政策概念涵盖了非法律化的职业教育政策和法律化的职业教育政策两类，本书重点分析中央和国家层面出台的职业教育政策。

第一章　历史制度主义视域下
职业教育政策变迁的分析框架

历史制度主义主要通过追溯相当长时期内历史事件发生的轨迹及其对现在的重要影响，从宏观、中观和微观多个层面解读制度变迁的影响因素。在历史制度主义看来，历史不是静态的系列事件的集合，而是一种动态的过程。从历史制度主义视角出发，分析职业教育政策变迁，则需要明确职业教育政策的历史、制度和现实逻辑。

第一节　政策变迁研究的基本范式

美国科学哲学家托马斯·库恩指出，范式代表着一个特定共同体的成员所共有的信念、价值、技术等等构成的整体。范式既是一门学科研究的出发点，同时又对该研究起到制约作用[①]。政策研究始于20世纪中叶，受到各国学者的广泛关注，并涌现出了许多研究范式。但多数政策研究基本遵循政策制定、政策执行和政策评价的基本逻辑。在新制度主义众多流派中，三大流派最具影响力：理性选择制度主义、社会学制度主义、历史制度主义。

一、新制度主义的三大流派

从政策变迁的研究范式上来看，新制度主义遵循了政策为什么变

---

① 托马斯·库恩：《科学革命的结构》，金吾伦，等译，北京大学出版社，2003，第157页。

迁及怎么样变迁的逻辑。理性选择制度主义、社会学制度主义和历史制度主义，作为新制度主义的三大流派，在分析制度和行为时采用了不同的分析方法和路径。其中，理性选择制度主义认为，为了最大化地实现自己的目标，行动者会考虑不同的方案，并从中选出能够实现利益最大化的方案。政策分析需遵循严密的逻辑，因而在分析备选方案时要注重方案的可操作性。社会学制度主义则认为，行动者在制定政策或制度形式时，通常会在一个更大的文化环境视域下进行考虑。因此，社会学制度主义从文化视角提出，制度的设计与安排要符合社会文化习惯，体现社会的主流价值观念。这一观点的优势在于能够为制度分析提供新的视角，但由于过度关注文化的作用，反而容易忽视社会结构的作用。历史制度主义进一步完善了制度工具，并提出制度是历史的制度、实践的制度等观点，力求在政策制定过程中实现现代性、民主化和全球化的统一。历史制度主义将历史过程和制度研究紧密结合，指出制度会受到各种外来压力的影响，具有不确定性，通过追踪历史能够了解制度演变的特征。从时间上来看，历史制度主义的形成要晚于其他两个派别，因而它也综合了理性选择制度主义和社会学制度主义的长处。

1992年，瑟伦（Thelen K.）等人首次明确了"历史制度主义"的概念①。历史制度主义在批判旧制度主义和行为主义的基础上，通过对历史过程的追溯来展现制度演变中的多重能量关系，重新解读制度孕育、形成、发展和终止的过程，将制度主义的研究从宏观层面拉到中观层面。历史制度主义分析方法更加贴近社会制度变迁的实际，为人们提供了一个全新的理论视角。

图1.1展示了历史制度主义与社会学制度主义、理性选择制度主义的区别。其中，社会学制度主义和理性选择制度主义比较关注政治制度层面，强调政治行动者或文化对制度的影响。而历史制度主义则既强调社会规范、政治行为的制约作用，也强调制度自身的生成和变

---

① Steinmo S, Thelen K, Longstreth F, Structuring Politics: Historical Institutionalism in Comparative Analysis (Cambridge: Cambridge University Press, 1992).

迁。从这个意义上来讲，历史制度主义更适用于政策研究。

图1.1 三大流派的区别

二、历史制度主义是教育政策研究的新理论基础之一

教育政策的分析工具种类繁多，选择从历史制度主义视角进行分析，意在将教育政策变迁与历史相结合，即将制度与历史相结合。从理论发展的过程来看，历史制度主义等新制度学派的发展是跨学科领域的，在社会学、政治学等社会科学领域都产生了重大影响。历史制度主义具有特殊的重要作用，是教育政策研究的新理论基础之一。

（一）历史制度主义高度关注制度的起源和变迁

彼得·豪尔和罗斯玛丽·泰勒在《政治科学与三个新制度主义》中指出，历史制度主义认为制度是嵌入政治体制、经济组织结构或社会文化中的正式或非正式的程序、规范、惯例等，不仅是行动者采取的策略，其所追求的目标也受到了制度背景的塑造[1]。历史制度主义从更为广泛的视角出发，寻找制度与个人行为之间的关系，符合制度演变的逻辑。区别于理性选择制度学派的观点，历史制度主义阐释了制度变迁路径依赖的观点，并认为制度变迁过程容易形成一种自我强化机制。由于政治具有复杂性和不透明性等特征，因而制度变迁与经济制度变迁不同，政治变迁表现出更强的路径依赖。历史制度主义解读制度变迁影响因素的基本进路如下：

第一，深层结构分析，主要是从宏观结构的视角分析经济体制、政治体制、科技体制和文化观念对制度变迁的影响，旨在"寻找制度背后

---

[1] Peter A. Hall, Rosemary C. R. Taylor, Political Science and the Three New Institutionalisms. Political Studies, 1996（4）：936—957.

更具普遍意义的基本因素（制度的深层结构），然后用这些具有普遍意义的基本因素来解释特殊的、复杂的制度现象"①；第二，动力机制分析，主要是从微观行动者的视角分析不同行动主体之间的权力博弈，通过分析由于不同行动主体对稀缺资源的角逐，而导致制度演变过程中出现权力的非对称性，以揭示制度变迁的内在动力；第三，路径依赖分析，主要是从中观层面分析制度发展的境遇，如制度如何维系与持续，已有制度和新制度生成及运行之间的关系，特别关注制度形成之后的设置成本、学习效应、协同效应及适应性效应等内容。历史制度主义对制度的理解更适用于政策研究②，历史制度主义对制度的研究比较适用于政策分析，可以为教育政策分析提供一个新的思路。

（二）历史制度主义认为制度变迁是不断演进的过程

历史制度主义虽然也具有自身理论的局限性，但与其他学术流派相比，它向人们提供了更为广阔的视野。历史制度主义考察了制度变量的双重特征，更确切地分析了制度要素在政治生活中的重大作用。历史制度主义认为，制度变迁是一种渐进式的变迁，是一个不断演进的过程而非设计的产物。职业教育不同于一般的教育活动，职业教育不仅关注学生知识、技能的培育，更关注学生所掌握的职业技能是否与社会需求相契合。职业教育政策具有明显的价值倾向性，长期以来，政府通过投入人力、物力、财力，通过制定、实施政策以指导和调控职业教育事业的发展。因此，我国职业教育政策变迁范式的选择必须着眼于制度。同时，也应看到，职业教育政策变迁也会导致职业教育陷入政策的路径依赖，这会给职业教育事业的发展带来一定的消极影响，从根本上来讲，政策的路径依赖的根源在于制度。

（三）历史制度主义分析职业教育政策变迁问题具有较强的说服力

历史制度主义的方法论包括两个方面：一是寻找制度背后更具普

---

① 周光礼：《公共政策与高等教育——高等教育政治学引论》，华中科技大学出版社，2010，第123页。

② 庄德水：《论历史制度主义对政策研究的三重意义》，《理论探讨》2008年第5期。

遍意义的基本因素，然后用这些具有普遍意义的基本因素来解释特殊的、复杂的制度现象。二是在普遍存在的基本因素与人们所看到的特殊的制度现象之间，建立逻辑联系。即说明这些普遍的基本因素到形成特殊的制度，其中的机制是什么、条件是什么①。与其他两大流派相比，历史制度主义在解释职业教育政策的变迁上具有更强的说服力。原因在于：首先，历史制度主义在文化模式和微观行为之间寻找平衡，其所形成的结构性事件分析法适用于我国职业教育政策变迁分析。其次，历史制度主义将历史和政策相结合，其优势在于，通过分析职业教育政策变迁的历程，能够呈现出政策演变进程中的路径依赖。最后，历史制度主义坚持历史唯物主义的分析方法，从这一视角出发，是实事求是的体现。且从实际的应用情况来看，已有许多政策、制度的研究采用历史制度主义分析视角，如在教育保障政策、毕业生就业政策等研究方面，有可供参考的具体案例。

第二节　历史制度主义的理论分析

历史制度主义研究的核心内容是制度，关注制度在社会变迁中的形成原因、形成过程，以及制度对个体行为的影响等②。历史制度主义认为，制度决定谁能够参与某种政治场所的政治活动；制度塑造着各个政治行动者的政治策略；制度影响行动者的目标确立和偏好形成。

一、历史制度主义的基本内容

历史制度主义作为新制度主义政治学的一个流派，其在理论阐释过程中重点回答了制度与行为的关系和制度自身变迁规律问题。在制

---

① 曹正汉：《观念如何塑造制度》，上海人民出版社，2005，第17—18，26页。
② 刘圣中：《历史制度主义：制度变迁的比较历史研究》，上海人民出版社，2010，第139页。

度与个体行为互动层面，历史制度主义从理念、行为等方面分析了个体行为对制度产生的影响。在制度变迁规律方面，历史制度主义阐释了制度生成、制度变迁、制度断裂的观点，整个分析过程运用了历史唯物主义分析方法。

（一）历史制度主义的历史观

历史制度主义认为，历史事件的发生与其所处的特定历史进程是相关联的，制度本身是某一历史进程的具体遗产。按照历史制度主义的观点，唯有从历史视角出发才能看清楚政治变迁，才能了解制度演进过程的前因后果。通过对历史视界进行放大，人们可以发现某些具体阈值效应的历史现象。历史制度主义采用历史分析的方法，依据时间顺序，对制度的发展历程按照不同的历史时期进行划分，并找准关键节点。运用历史制度主义这一分析视角，首先要明确制度演进的时间顺序，基于重大历史事件对各时期的具体政策措施进行归纳和总结，在基于世界时间的大框架下确立事件的时空坐标。历史分期主要是以制度在不同时期的作用进行划分的，并且考虑历史发展过程中的偶然性因素。一方面，历史分期要考虑制度在不同时期扮演的不同角色，强调不同历史时期会对具体制度产生影响；另一方面，历史分期的关键节点是新旧制度交替的具体历史时期，受多种因素影响，旧的制度将被新制度代替，而制度的变迁方向在很大程度上是由关键节点时期的制度雏形所决定的[①]。

从历史制度主义角度看，现代生态理论是对历史唯物主义历史有效观和自然选择观的最好阐释，从历史经验和事实角度看，人类在发展过程中的很多历史具有无效性或偶然性。历史制度主义继承了历史唯物主义关于历史发展偶然性的观点。历史制度主义提出路径依赖的概念，路径依赖有广义和狭义之分。从广义层面看，路径依赖是指后一阶段事件会受到前一阶段事件的影响和制约；从狭义层面看，路径依赖是指回报递增，当制度进入某一模式后，制度更可能会延续这一

---

① 何俊志：《结构、历史与行为——历史制度主义对政治科学的重构》，复旦大学出版社，2004，第 297 页。

模式。很多历史制度主义学者在分析路径依赖时大多从狭义层面出发。布莱恩·阿瑟（Brian Arthur）指出，回报递增的过程有着如下几个相当复杂的特征：第一，不可预测性。因为早期的事件有着重大的影响，而且有随机性的成分，所以各种各样的结果都是可能的，因而不可能提前预测结果①。第二，非灵活性。一旦进入了某条路径，就难以实现路径之间的转换，在特定的路径越发展最终就越可能被锁定在这一路径之上。第三，非遍历性（Nonergodicity）。在一个序列中，早期的偶然事件可能会反馈成未来的选择，不可忽视它。第四，路径潜在的低效率。从长期看，结果可能已被锁定在比另外路径的收益更低的路径之中②。正是由于历史制度主义对路径依赖的关注，人们看到了历史在发展过程中的惯性、无效性和偶然性。

（二）历史制度主义的制度观

在对制度的态度方面，历史制度主义学派更加关注整个国家的制度体系，而不是仅关注某一项制度，他们通常将整个国家的制度体系作为一个网络化、相互牵引的制度群来看待和研究。在制度使用方面，历史制度主义将制度划分为三个层次：可操作层面的政府制度安排、宏观层面的国家结构、国家的文化特质。历史制度主义强调政治制度对公共政策和政治后果的影响，同时也侧重强调政治变量之间的排序方式对公共政策和政治后果会产生不同的影响。制度通过塑造行动者的策略和目标，以及协调其合作与冲突的关系，来构造政治情景，并对政治结果产生显著影响③。一方面，制度会对其范围内的不同行动者的行为产生影响，不同的制度结构会形成不同的社会力量对比格局，而这种力量对比则是由既定的制度安排所维护的，由于这种力量的存在，形成了制度变革的内在张力。另一方面，制度对行为者

---

① Arthur W B, Increasing Returns and Path Dependence in the Economy（Ann Arbor: University of Michigan Press, 1994）.

② 凯瑟琳·西伦，等：《比较政治学中的历史制度主义》，何俊志，等编译：《新制度主义政治学译文精选》，天津人民出版社，2005，第151-152页。

③ 杨福禄：《关于历史制度主义》，《山东师范大学学报（人文社会科学版）》2006年第4期。

的行动方向和行动方式，以及它们对自身与其他行动者的关系判定具有构造作用。行为者的利益判定不是在真空中产生的，而是基于对特定制度结构的规定而产生的①。

1. 制度生成

制度生成是指任何制度都起源于现实社会充满制度的环境之中，之所以会产生新的制度，就是因为旧的制度已经很难适应新环境所带来的危机。面对新的危机，不同社会主体会在旧制度背景下形成两股不同的政治力量，两股政治力量不断地冲突和妥协，在这一进程中新制度应运而生，而新制度的生成并非完全独立的，必然也会受到旧制度的影响，甚至会带有旧制度的痕迹。制度的延续是指制度生成之后会进入路径依赖状态，使制度出现延续现象。之所以会出现这一现象，一方面是由于任何制度在建构之后都需要付出较高的成本，加之在学习效应、适应性预期和合作效应的影响下，制度在定型之后会产生路径依赖；另一方面则是由于政治生活中集体行动的核心地位、政治的复杂性、权力的非对称性和制度的高度密集，造成了制度对于路径的依赖。

2. 制度变迁

制度变迁是指虽然政治制度存在路径依赖特征，但在极特殊的情况下政治制度也会发生变迁，这种变迁既包含功能的变化，也包含制度自身的演进。制度功能变化包含制度外部社会经济环境的变化，政治制度为了适应外部的社会经济环境而发生改变，随之带来功能的变化，甚至在变化过程中会展现出与之前截然相反的功能。制度的演进是指由于制度的设计者的局限性和时间限制，制度往往在设计之初会包含一些负功能要素，但随着时间的推移，这些负功能要素会导致制度功能出现演变，甚至会导致制度自身出现演进。在吸收新的观念之后，制度功能和制度本身也会出现变化。制度的设计者在很多情况下是与制度执行者相分离的，制度的执行者也会根据自身意图和内外部

---

① 曹胜：《制度与行为关系：理论差异与交流整合——新制度主义诸流派的比较研究》，《中共天津市委党校学报》2009 年第 4 期。

环境变化对制度进行调整和修正，从而实现制度的演进。

3. 制度断裂

制度断裂是指制度的外部经济社会环境发生急剧变化引起了社会冲突，但由于制度在路径依赖状态下进入了锁定状态，无法对社会冲突起到容纳和解决作用，进而导致制度出现中断或解体。但是，在制度断裂之后，在新制度生成过程中，不管制度设计者在设计新制度时引入多少新观念和新成分，新制度都摆脱不了旧制度的影响和制约，新制度在生成时都不可避免地带有旧制度的痕迹①。

断裂均衡很早就出现在历史制度主义研究范畴之内，并成为较早的制度变迁主导范式。断裂强调了制度变迁的不连续性，以关键节点作为研究中心；均衡则强调了制度在运行过程中的内在机制，以路径与依赖作为研究重点。我们可以将其简单地理解成对路径依赖模式的准确尝试，其核心研究内容是制度产生的随机性及复制的不确定性；新制度一旦进入平稳的运行状态，就会体现出制度的均衡性和稳定性，但随着压力的不断增加，当达到临界点之后，现有的制度就会瞬间崩塌。例如，当某一项政策或制度在成长过程中出现不均衡时，这种不均衡问题会引起社会和公众的关注，在质疑和批评声中制度的制定者会回应社会公众的质疑，进而对制度进行改革，甚至会打破制度均衡的关键点。而随着公众认知的扩散，制度的自我调节功能难以为继，制度的均衡状态就会被外界所破坏。断裂均衡指的是旧的制度均衡被打破，新的制度均衡被建立起来的过程，在断裂过程中新的均衡又会出现。

制度断裂具有以下几个特点：第一，制度变迁的断裂均衡具有不可预测性和渐进性的特征；第二，制度的起源和变迁会受到原有制度、现存结构和外部情景等多种因素影响；第三，制度的持续性是制度在自我能力强化的基础之上形成的路径依赖；第四，历史具有路径依赖特征，制度在形成之初的选择会对历史的发展轨迹产生决定性

---

① 何俊志：《结构、历史与行为——历史制度主义对政治科学的重构》，复旦大学出版社，2004，第218-255页。

影响。

（三）政策及制度变迁的影响因素

历史制度主义认为政策及制度的变迁会受到观念、认知、意义系统等因素的影响，从历史制度主义解释框架角度看，很多学者从不同角度指出了理念和制度、理念和政策、制度和认同等要素间的互动关系，并阐释了理念对相关问题的影响，在这些研究中都突显了理念在制度变迁中的先导性地位和作用[1]。历史制度主义在分析制度问题时，首先会将比较明显的观念、认知和理念放在重要的位置。彼得·豪尔认为，制度包含正式规则、非正式程序和日常管理等，在对制度的研究过程中他直接把观念视为一种制度安排。因此，历史制度主义将制度分析和观念等其他因素结合起来，并认为它们之间存在着某种一致性。

历史制度主义认为，理念会对制度和政治行为产生影响。彼得·豪尔指出，制度变迁的动力源于理念，同时理念又在经济社会发展中发挥着重要作用，理念会在特定的制度结构下对特定的政治人物产生影响，进而推动政治人物制定某项新的政策。理念在发挥影响的过程中需要借助一定的组织渠道，任何理念只有被有力的政治组织所采用并与其意识形态相结合才会在社会集体中进行广泛的传播，进而才会得到强化。类似地，坎贝尔也认为，认知和规范是制度变迁的观念基础。思想观念是影响制度变迁的重要因素，思想观念可能是内在于决策背景中被视为当然的基础性假定，也可能是位于决策前台中被决策者明确阐述的概念和理论[2]。在坎贝尔看来，不同的理念会以不同的方式影响制度变迁，其中范式是认知性的基础假定，决策者的选择会对制度变迁产生影响。

---

① 刘圣忠：《理念与制度变迁：历史制度主义的理念研究》，《复旦公共行政评论》，2010 年第 00 期。

② 向静林、田凯：《坎贝尔制度变迁理论及其对我国地方政府制度创新研究的启示》，《中共浙江省委党校学报》2015 年第 1 期。

二、历史制度主义的分析方法

通过对制度的生成、变迁、断裂及制度的历史观的分析，形成了历史制度主义的基本分析模式。历史制度主义分析方法主要以制度为自变量，分析存在正常时期制度、观念、利益相互作用所造成的某种政治行为；以行为作为自变量，对制度存在正常时期行为、观念、利益相互作用所形成的功能变化及制度的演进进行分析；同时在制度断裂的关键节点时期对行为、观念、利益相互作用造就出来的新的政治制度进行分析；而这种新生成的政治制度，又会进入制度存续的正常时期，循环往复地形成制度断续性的平衡，这种断续性的平衡也是制度演进的一种体现。

（一）制度变迁的解释路径

历史制度主义在宣传过程中形成了独特的理论特征和解释策略，通过对历史制度主义的运用，能够为制度变迁及其后果提供具体的解释方法和解释路径，能够让我们更好地辨析制度的变迁历史。首先，历史制度主义将关注的重点放在长时间的历史变迁及关键节点上。在历史观上，历史制度主义注重通过追寻事件发生的历史轨迹来找出过去对现实的重要影响，强调政治生活中路径依赖和制度变迁的特殊性，并试图通过放大历史视角来找出影响事件进程的结构性因果关系和历史性因果关系[1]。历史制度主义在选择分析对象时，不会选择那些行为主义和理性选择理论所关注的微小事件，而将重点放在重大政治事件挖掘及对人类发展产生重要影响的政治过程，更侧重于从广阔的历史视野出发对重大事件进行分析。例如，某些国家进行的革命或改革，以及在全球化背景下出现的重大偶然事件，这些都是历史制度主义的重点分析对象，也是历史制度主义关注的重点。因此，历史制度主义分析的时间跨度达数十年甚至数百年[2]。关键节点是在历史发

---

① 何俊志：《结构、历史与行为——历史制度主义的分析范式》，《国外社会科学》2002 年第 5 期。

② 杨福禄：《关于历史制度主义》，《山东师范大学学报（人文社会科学版）》2006 年第 4 期。

展过程中的某一特殊时间节点上，发生重大政治事件，从而会对后续历史发展产生重大影响，将这一关键点作为分析对象，能够让我们对历史变迁的路径和特征有更为清晰的认知和把握。正如瑟伦所言，历史制度主义经常认为制度变迁实质上是平衡断裂的过程。重要制度变革的机会常常出现在一个短暂的时刻，紧接着就是制度保持稳定性的较长阶段。概括而言，历史制度主义热衷于从历史的角度对政治现象进行因果分析，将历史视为一种过程，强调历史对于现实、过去对于现在的影响。在历史制度主义者眼中，脱离了历史情境的制度研究终究是不全面和无意义的①。

（二）结构分析与历史分析相结合

历史制度主义作为结构性大事件的分析方法，以历史作为基础，将制度置于理论分析的中轴之上，并对其进行解析。历史制度主义分析范式主要包含历史分析范式和结构分析范式，通常在研究过程中将比较分析和历史分析结合在一起，作为理论研究工具，通过比较考察引出新的历史阐释。

1. 结构分析范式

结构分析范式有三种路径：一是"背景—制度"结构。旨在"寻找制度背后更具普遍意义的基本因素（制度的深层结构），然后用这些具有普遍意义的基本因素来解释特殊的、复杂的制度现象"②。但旧制度仍然对这种结构观念产生影响，这一结构观念更加强调国家具体制度安排会受到国家宏观制度情境的制约。二是"制度—变量"结构。历史制度主义认为，制度在政治生活中扮演着重要角色，但不等同于制度是造成某一政治后果的唯一因素，他们尤其倾向于将制度与其他因素一道定位于因果链之中，社会经济的发展程度和观念的分布状况也是他们重点考虑的因素③。因此，从历史制度主义角度看，

---

①　谭融、郝丽芳：《论新制度主义三大流派的分歧与融合》，《理论与现代化》2013年第6期。

②　周光礼：《公共政策与高等教育》，华中科技大学出版社，2010，第123页。

③　Peter A. Hall, Rosemary C. R. Taylor, Political Science and the Three New Institutionalisms. Political Studies, 1996 (4)：936-957.

"制度—变量"结构分析维度包含经济、制度、社会观念等多元政治变量，而这些政治变量及其排序都是分析的重要维度。三是"制度—行为"结构。"由于政治行动者的行为处于密集的制度矩阵当中，制度与行为的互动关系遂成为历史制度主义分析范式的中心论题。制度的变迁归根结底是由制度与行为的互动来推进的，这种行为主要是制度关涉对象，如当权者、政府职能部门和社会公众的行为。"① 因此，历史制度主义的结构分析范式应该包含制度与行为的互动模式。

2. 历史分析范式

历史分析范式主要针对的是政策过程的选择、变更与替代所形成的历史轨迹，对其进行追溯和分析，进而研究政策对过去、现在和未来产生的影响。历史分析范式有两点主张。一是制度演进中的路径依赖。"制度变迁的路径依赖性，即具有正反馈机制的随机非线性动态系统存在的某种不可逆转的自我强化趋势，它使制度趋于沿着固定轨道一直演化下去，即使有更好的选择，演化路径亦很难使之改变。路径依赖是架构过去、现在和未来之间的桥梁。"② 路径依赖主要解释制度为什么无法从低效或无效的路径中解脱出来，始终被锁定在这一状态中无法自拔。路径依赖也有其自身的观点，包含适应性预期、学习效应和协同效应等。二是制度变迁中的动力机制分析。任何制度都存在自身的脆弱之处，而脆弱之处被称为"历史否决点"，要想实现制度的变革，就要从历史否决点入手，历史否决点的出现意味着制度的外部环境已经发生了变化，而外部环境的改变阻碍了现有制度的复制，进而为制度创新提供了条件。根据制度创新的性质和程度，可以将制度创新分为制度内部的渐进性或变通性的变迁，以及与原有制度完全相反的决裂式制度变迁。

---

① 吕普生：《中国行政审批制度的结构与历史变迁——基于历史制度主义的分析范式》，《公共管理学报》2007年第1期。

② 张玉法：《现代史的分期问题》，久洋出版社，1985，第1页。

第三节　基于历史制度主义分析职业教育政策变迁

作为政治学主流的制度分析方法，历史制度主义从历史角度分析制度问题，能够很好地解释制度变迁及其逻辑关系。历史制度主义将制度产生、发展、变化等放置在宏观的经济、政治、文化等背景中，选择从中观层面进行中长期的制度变迁研究①。

一、历史逻辑分析

"对历史的分析，首先要从时间的连续性和稳定性角度开始，时间的连续性形成了历史的序列性。"② 在对我国职业教育政策历史演进进行分析之前，应该对职业教育政策历史演进的时间序列进行系统扫描，思想进程与历史发展具有一致性，但从二者的关系看，思想进程是历史过程抽象和理论前后一致形式上的反映。但这种反映不是直观的，而是按照历史过程本身规律经过修正的，这就需要对历史过程的每个要素进行系统考察。历史是思想体系的源泉，而思想则是社会历史形态的反映，这种反映是由历史存在决定的，无论是理论形态还是思想意识都是按照历史过程轨迹形成并发展的，而且所形成的理论形态与思想意识都处于动态的变化之中，这种动态的变化也遵循历史进程本身的规律。我们在对理论进行研究的过程中不可能对理论变迁的每一个细节逐一进行考察，只能用历史与逻辑相结合的方式，对理论的发展进程进行提炼形成某种典范形式，并对不同阶段的典范形式的发展过程进行总结，进而发现历史进程的主要法则。

历史始终处于变化之中，以历史制度主义视角对历史的量变与质变的关系进行分析，可以总结出时代的发展特性。人类可以对历史发

---

① 秦惠民、王名扬：《我国高等教育评估制度演变的社会基础与制度逻辑——基于历史制度主义的分析》，《中国高教研究》2015年第10期。

② 刘圣中：《历史制度主义：制度变迁的比较历史研究》，上海人民出版社，2010，第151页。

展进行经验总结，并从中获得经验解释。我们可以从三个层面对时间和历史分析的重要性进行阐释：第一，重要时间点的作用。从结构性变量角度出发，在特定的时间节点，特别是关键节点出现的重大事件会改变历史发展的路径，而重大事件会对历史未来的发展产生影响，重大时间节点会出现时间的突变效应。第二，动态性的过程分析。制度理念和利益在时间的推动之下，会出现历时性的动态的过程，这一动态过程会呈现出由弱到强、由局部到整体、由细微到主导的特征，并在变量互动中产生内生性的变迁。第三，事件发生的先后顺序。先后顺序会带来不同的结果，先后顺序包含了结构变量和能动变量，事件发生的先后顺序体现了时间维度。

二、现实逻辑分析

我国职业教育政策变迁呈现出自身的路径依赖特点，政府与职业学校都是行动者，但二者都是理性的行动者，二者的理性选择决定了职业教育政策变迁的路径依赖。从历史制度主义视角分析，我国职业教育政策变迁是在政府理性和学校理性的实践中推进的。

从国家产业结构转型角度看，职业教育无疑在其中扮演着重要角色，特别是随着全球竞争的日趋激烈，各个国家更加看重以教育文化为核心的软实力较量，而职业教育则是培养技术技能型人才的摇篮，因此在国家之间的较量中发挥着极其重要的作用，国家也将职业教育放在了突出地位。政府在关注职业教育发展的同时，还会对职业教育进行宏观调控。从我国职业教育发展历程看，职业教育政策法规是国家宏观调控的重要手段，国家通过职业教育政策实施对职业教育资源进行分配。如果职业教育政策制定的行为主体出现了变更，势必会弱化政府的宏观调控能力，但现有制度的存在，使得政府与其他主体之间处于一种可协调的状态。从历史制度主义角度看，一种制度要想确保被人们所执行，还需要一系列的辅助制度，因此，一项制度很难单独存在，需要诸多其他相关制度给予支持，这无形之中会大大增加制度变更的成本，往往会导致制度处于路径锁定状态。一直以来，我国职业教育政策的制定都以政府为主，为了确保制度的顺利执行，政府也会出台相应的辅助制度，这些制度纵横交错，并在长期实践中不断融合、不断完善。

从学校理性选择与职业教育政策变迁来看，由于我国特殊的政治体制和经济体制，职业院校成了国家体制的重要组成部分，国家可以按照权限分级对职业院校进行管理，教育部门可以对职业院校人才培养模式、招生规模、专业设置进行规定，在这一过程中职业院校与教育部门并不对等，职业院校更多是处于被动状态。国家结合当前教育改革形势，推动职业院校管理体制改革，并赋予了职业院校更多的办学自主权，希望通过一系列的举措更好地激发职业院校的办学活力。但从具体实践看，职业教育教学水平还有待提升，职业教育与其他类型的教育在地位上还不平等，职业院校与企业之间的合作还停留在表面，产教研融合政策还没有真正落实，职业院校主动求变意识还需要增强，职业院校始终没有走出路径依赖状态。

在不同的环境和背景下产生了不同的职业教育政策，比如，从当前的职业教育领域看，混合所有制办学已经成为职业教育新的发展趋向。但我国还没有形成相对完善的制度机制，也没有创造出可复制的职业院校混合所有制办学模式。因此，各地所进行的职业院校混合所有制办学都处于起步探索阶段，在探索过程中遇到了明显的实践困境，在困境面前既需要职业院校对混合所有制改革进行大胆的尝试，也需要政府从政策和保障措施层面进行大胆创新。

三、制度逻辑分析

历史制度主义研究的核心是制度变迁，并从动态的角度对制度变迁的原因和结果进行分析。从我国职业教育政策变迁的角度看，政策变迁有其内在的动力机制和深层结构，也有政策变迁依赖的路径及带来的发展困境。在制度研究者克拉斯纳（Krasner S. D.）看来，制度演变会经历不同的均衡过程，当制度内部出现矛盾或外部环境发生根本性改变达到临界点时，原有的制度均衡状态就会被打破，特别是在受到突发事件的刺激之下，制度的内部控制力会减弱，而为了消除冲突和压力带来的冲击，制度就会自我做出调整和改变，但在制度演变路径上最初会表现出一定的宽泛性的可能。历史制度主义在解释制度演变过程时主要从三个方面入手：第一，外部环境的变化。制度所面对的外部经济、政治和文化环境，一般被制度主义认为是制度的深层结构。第二，制度供应与诉求之间的较量。制度在演进过程中会出现正常时期和关键节点时期，具体表现为均衡状态和非均衡状态。制度的均衡状态意味着制度的供给与需求相匹配，从而实现制度结构的理想状态。制度的非均衡状态是指制度供给与需求之间的不适应，原因可能是制度供给过剩或制度供应不足，从而出现制度边际利润减少，而行动者就会对制度进行创新和完善，进而会演变出新的制度。第三，新信息的导入。如果身处制度框架中的行动者接纳了一定的新信息，这些新信息就可以由行动者带入制度框架，进而推动现存制度的转型①。对于制度演变的划分一般从演变主体、范畴、速度等几个维度入手。从演变主体看，制度演变通常会出现强制型、自发型和诱致型三种制度演变形式；从演变范畴看，一般划分为局部型制度演变和整体型制度演变；从演变速度看，可以分为渐进型和激进型两种；从演变反映层面看，可以分为主动式和被动式两种制度演变方式。

历史制度主义希望通过建立一个符合历史发展经验的制度变迁分析框架，对制度和政策的动态性与结构性差异进行分析，并按照时间顺序实现结构性和历史性相统一，并以结构性分析和历时性分析作为主要方式，对制度变迁的整个过程进行阐释，为理论研究者提供论证和反思的材料。历史制度主义的制度框架具有其自身的特殊性。从方法论角度看，历史制度角度框架是因果过程方法和因果要素分析的结合，历史制度主义总体的分析取向是多元开放的。虽然从因果过程方法角度看，更加重视历史的过程，从因果要素分析角度看，更加注重变量与因果的相互关系，但分析方式实质上都是质性方法和量性方法的冲撞与融合。

我国职业教育政策变迁既有内在的动力机制和深层结构，也有职

---

① 周光礼、吴越：《我国高校专业设置政策六十年回顾与反思——基于历史制度主义的分析》，《高等工程教育研究》2009 年第 5 期。

业教育政策变迁自身的路径依赖。近年来随着网络信息技术的不断发展，创新成为推动经济社会发展的核心力量，为此国家开始重视创新型人才培养，国家出台的各项政策措施也开始关注制度的创新，而制度创新正是制度变迁的重要内容。正是基于这些机制与通道，新的思想观念才有可能进入政策变迁。政府主导的制度创新是职业教育政策科学地指导职业教育发展的关键点①。

---

① 赵秀红、徐倩：《职教加速发展背后有何深意》，《中国教育报》2019 年 3 月 7 日，第 7 版。

第二章　新中国成立至改革开放前的
职业教育政策变迁（1949—1977）

历史的动态演进过程有其内在的规律性。从制度演进的一般规律而言，一项制度在正常的生命周期内会出现制度断裂的关键性节点，且绝大多数的制度变迁都是渐进的，即渐进性变迁①。因此，历史制度主义一贯主张要深刻理解和把握量变与质变的关系，即分析不同历史阶段职业教育政策的重要方法论，并在此基础上窥探职业教育政策的可能"变点"。肇始于晚清的中国职业教育政策至今经历了一百多年的历史变迁，尤其是在新中国成立之后，新的社会制度的建立为职业教育发展创造了更广阔的空间，职业教育政策随着经济社会发展的需求，以及社会变革和新体制的形成，得到了涅槃重生和蓬勃发展②。但从新中国成立到改革开放这段时间内，职业教育政策受当时政治环境和经济社会发展的实际情况制约，发展情况尚不稳定，大体上经历了改造整顿、变革重塑、持续推进和动荡停滞的曲折变迁历程。

第一节　过渡时期的职业教育政策（1949—1956）

新中国成立后，面对一穷二白、百废待兴的现实情况，新生的中

---

① 道格拉斯·C. 诺思：《制度、制度变迁与经济绩效》，杭行译，格致出版社，上海三联书店，上海人民出版社，2014，第105页。

② 杨近：《我国工业化进程与职业教育体系发展的研究》，博士学位论文，上海师范大学，2015。

华人民共和国在文化教育政策上首先确立了民族的、科学的、大众的指导思想，不断推进文化教育事业向纵深发展，并用了 70 年的时间从根本上改变了中国的教育格局，实现了人人都有学上的良好局面。在职业教育方面，国家政策也是不断调整的，不仅在人才培养模式上不断推陈出新，在职业教育的育人思路和发展战略上也结合经济社会的发展不断调整。

一、政策环境

新中国成立之初到社会主义三大改造基本完成这一时期，确立的社会性质是新民主主义社会，这是一个过渡时期。这一时期对包括职业教育在内的教育领域进行了全方位的社会主义改造。当时的职业教育政策的出发点是尽快恢复国内经济，为完成过渡时期发展的阶段任务培养大量人才，并有效解决当时大批失业群众的生计问题。这一阶段的职业教育政策更加注重技术人才的培养。

（一）旧有教育机制迫切需要变革

新中国成立后，社会面貌发生了翻天覆地的变化，同时中国职业教育发展也进入新的历史阶段。从新中国成立之时的国际形势看，西方国家始终对新生的中华人民共和国怀有敌意，并对我国加紧进行外交封锁，因此新中国与西方国家的正式外交关系并没有建立起来。而要在外部势力重重阻挠的困境之中寻找新的发展空间，就必须探索出一条符合当时中国国情的教育发展道路。有鉴于此，新中国成立之初，确立了"一边倒"的外交策略，与苏联开展全方位的密切合作。就职业教育领域的改革而言，苏联模式的职业教育成为新中国中等专业教育学习和模仿的范本，该模式也对此后我国中等专业教育的发展产生了深远影响。从苏联模式特点看，中等专业技术学校通过统一的招生计划招生，学生参与相关理论知识和实践技能的学习，毕业后可获得专业资格证书和毕业证书，并按照生产技术员、技师等相应的岗位进行分配。因此，根据当时中国经济社会建设发展的实际需要，国家教育主管部门在职业教育已有经验的基础上，结合苏联模式，很快形成了"集中统一、以条为主"的权力结构模式，以方便职业教育领域各项工作的快速开展。

1949年12月，全国教育工作会议召开，教育部在会议上明确提出，旧有教育机制的基本方针和步骤必须要逐步改善，并就新中国教育的发展方向进行了广泛深入的讨论，形成了全国统一共识，即坚持民族的、科学的、大众的新教育方向，提出教育为国家建设服务，教育为工农大众服务，坚持普及与提高相结合，以普及为主①。自此，全国开始有步骤地对包括职业教育在内的旧有教育制度进行整顿改造。从实践层面看，确立职业教育整顿改造的一个重要目标在于改变旧社会劳动人民没有受教育机会的状况，解决教育为工农大众开门的问题②。由此可以看出，新中国成立之初，旧有的教育制度和教育政策无法适应当时经济社会发展的要求，而要加强对教育的整顿和改造，首先亟须确定新的教育发展方向。这一时期的工农大众的受教育问题受到高度关注，因此，解决好教育向工农大众的开门问题，事关国家教育的根本性质。

（二）中等技术教育取代旧职业教育

虽然新中国成立之初全国仍然有200多所私立职业学校，但长期战争和动荡局面使这些职业学校原有的职业教育体系已经土崩瓦解，也很难适应新社会的发展需求。就中等职业学校情况而言，1949年，共有职业学校564所（在校生77 095人），其中私立学校235所，外国人办的和接受外资津贴的学校在华东地区有28所（全国接受外国津贴的中等学校共514所，但因普通中学与职业学校合为一个数字，无法分开，故全国数字欠缺）③。因此，从全国的情况看，当时职业学校总量已经不到1 000所，在校学生更是不足10万人，加之国民政府对职业教育基础设施投入较少，很多职业学校更是缺少专业的技术设备。

---

① 王宜秋、郑萍、于晓雷，等：《当前国内毛泽东思想研究述评》，《社会科学管理与评论》2012年第4期。

② 《党史大事记（第四十一期）：12月20日—26日》：https：//www. sohu. com/a/510114564_121106884，访问日期：2022年6月1日。

③ 闻友信、杨金梅：《职业教育史》，高等教育出版社，2012，第23页。

当时的政府之所以会兴办职业学校，其目的是培养合格的生产者，体现的是剥削阶级的利益。在这种体制下，学生进入职业学校之后，职业目标是比较明确的，职业定位也相当清晰，毕业后就是在相应的岗位从事一定的工作，这些毕业生想实现职业转型或继续深造几无可能。从实际情况看，旧的教育体制下的职业教育难以避免地成为"断头"教育，职业学校甚至成为"绝路"学校。

由于旧有职业学校基础设施建设薄弱、办学规模太小，在专业布局、人才培养方案等方面还存在很多问题，培养出来的人才很难适应当时的经济社会发展需求，也很难适应社会主义工业化建设的需要。新中国第一次教育工作会议就进一步明确了新中国职业教育的整体目标，即要对职业学校进行整顿改造和系统升级。因此，教育部明确提出，要改变旧有职业学校的办学模式，要重点继承中国共产党在苏区和解放区时期举办职业教育的成功经验和做法，并在此基础上重点借鉴职业教育的苏联模式。但鉴于当时苏联模式的职业教育的发展重点是中等专业技术学校和技工学校，职业学校招收的学生以技术员和技术工人为主，国家根据具体情况，决定在对私立职业学校进行系统的社会主义改造的基础上，将中等技术学校划分为普通中等师范学校和普通中等专业学校两大类。

1949 年年底，对于职业教育发展的总体思路，教育部结合当时教育事业发展形势，提出了与恢复经济和民主改革相适应的教育改革思想，并明确了党对教育事业的领导地位，积极采取接管、接收、接办等多种方式，对旧教育制度进行改革。正是通过接收、接办原有公立学校和私立学校的方式，积极、稳妥地对这些学校进行了初步改造。这些行动举措表明了发展职业教育是必然趋势，也正是基于这样的思路，国家相继制定了许多职业教育政策和制度。

二、主要政策文件及内容

1949 年，新中国颁布实施了具有"临时宪法"性质的《中国人民政治协商会议共同纲领》，首次以制度的形式明确了"中华人民共和国的文化教育为新民主主义的，即民族的、科学的、大众的文化教育"，按照这一要求，新中国将职业技术教育改革提上了重要日程，对职业教育政策制定工作加以重点推进，并从当时的经济社会发展需求出发，出台了一系列培养技术人才的政策措施，有效地推进了新中国职业教育的迅速发展。根据当时技术人员需求和人才培养实际，新中国中等职业教育创造性地提出了学徒制人才培养模式，并在此后很长一段时期将学徒制培养模式作为技术人才培养的重要举措。与此相配套，在国家层面制定出台了一系列学徒制政策，积极鼓励企事业单位开展学徒制技术人才培养，极为有效地提升了劳动力的技术技能水平。随着学徒制在全国范围内的成功推行，这一人才培养模式得到广大企事业单位和社会的积极响应。

为了改变"一穷二白"的困难局面，新中国下决心大力发展本国的工业体系。在"一化三改"政策举措的推动下，为了更好地适应新中国工业化发展，国家开始筹划构建以工业为主体的中等技术教育体系，并加大了对职业学校的整治力度，形成了一系列有效的管理制度，为积极开展城市职业教育，以及城市职业教育体系的建立和完善创造了有利条件。

1950年，《中央人民政府政务院关于开展职工业余教育的指示》中指出：要采取多种方式推动职工教育改革，支持和鼓励"文盲"的职工积极参加职工学校学习；在职工学校师资队伍建设方面，要因地制宜地选择本单位中有文化、认识字的在职职工或职工家属出任教员，多渠道充实师资力量；在职工学校的具体教学方式上，鼓励各单位可以结合实际教学需求采取灵活多样、方便行事的方式组织教学。在政策的引导和推动下，通过职工学校开展相对高级的职工业余文化教育成了当时大多数企业和工厂的不二选择，职业教育的灵活性得到了进一步提升。同年，国家出台《专科学校暂行规程》，明确规定了职工学校的办学理念和教学方法，要求学校要结合新民主主义社会建设实际需要，培养既能够掌握现代科学技术又能够全心全意为人民服务的专门技术人才。

为进一步规范职工业余教育，教育部于1951年颁布实施了《职工业余教育暂行实施办法》，强调要进一步重视职工业余教育，并首次明确了在职工业余教育开展方式上可以采用师徒结对、技术研究组等方式，重点强调和规范了开展职工业余教育的内容和目标是以开展文化学习为主，而提升技术工人的操作能力则主要依赖于职工技术教育。在实施过程中，企事业单位和工厂明确将职工的业余学习列入劳动合同条款之中，以保障职工受教育的权利。为了保证学习时间和学习效果，切实为职工减负，政策明确了参加职工业余教育的学习者可以不额外加班，也可以不参加各种与学习活动相冲突的会议等，这些举措的推行进一步调动了职工参加业余学习的积极性和主动性。

1951 年，全国第一次中等技术教育大会在北京召开，会议针对中等技术教育的教育方针、学制安排和领导体制等进行了专题讨论。这次会议把"以调整整顿为主，有条件发展"作为当时中等技术教育发展的总体方针。同时，会议还要求各地在政策落实上要采取自上而下逐层落实的方式，不折不扣地迅速贯彻落实会议精神。比如，针对大学毕业生，要采取自上而下逐级包干的方针，对于已经毕业的高校学生，要进行必要的技术训练，并妥善安置。会议还重点讨论修正了《关于加强领导私立技术补习教育的指示》《中等技术学校暂行实施办法》《关于整顿与发展中等技术教育的指示》《各级中等技术教育委员会暂行组织条例》4 项草案。

1952 年，国家出台了《中等技术学校暂行实施办法》（以下简称《办法》），其中明确指出，中央教育部门要对中等技术学校的发展和管理负责，中等技术学校教育方针的确定、学校的招生及其他事项都需要经由中央教育部门统一处理。《办法》还明确规定，中等技术学校专业技术课的教学计划、教学大纲，以及学校的具体设置、变更、停办、分科、招生、经费开支、实验、实习、学籍审核、毕业生分配都应该遵循中央教育部的统一规定具体实施，并遵从中央、大行政区和省级人民政府相关业务部门的直接领导。同年，《政务院关于整顿和发展中等技术教育的指示》中强调："培养技术人材是国家经济建设的必要条件，而大量地训练与培养中级和初级技术人材尤为当务之急。……中等技术学校在学校系统中的……任务为培养工业、农业、交通、运输等方面的中级和初级技术人材。"①

在此之后，国家进一步加大了对中职学校建设规划的调整力度。在相关业务部门的领导下，按照国家经济社会发展需要，中职学校开始逐步重视和提升专业人才培养质量。同时，国家从经济社会建设和发展的实际需求出发，进一步明确了职业教育的服务职能和服务对象，制定出台了更为详细的政策，尤其是对职业学校的专业设置、教学方法优化和教学组织的规范化等相关问题进行了明确的规定和细致的说明。

1953年，按照国家确立的"整顿巩固、重点发展、提高质量、稳步前进"的总方针，全国各地对中等技术学校建设进行了大胆改革和创新。这一阶段，中等技术学校主要遵循围绕经济社会发展培养技术人才的使命，重点对中等技术学校的专业设置进行了合理布局。在中等职业学校的专业设置方面，国家在成功借鉴苏联职业教育经验的基础上，于1953年7月发布了《关于中等技术学校设置专业的原则的通知》。此外，从1953年到1955年，国家为了进一步加大对中等专业教育的整顿力度，还先后出台了一系列的配套政策和措施。

技工学校是职业教育的重要组成部分，经过5年多的探索和发展，国家于1954年正式出台了《劳动部技工学校暂行办法（草案）》。文件的颁行标志着新中国技工教育制度的初步确立。该项文件明确了各产业主管部门对技工学校负有领导权，各产业部门也要从实际出发加大对技工学校的领导力度。文件要求各产业主管部门要结合技工学校的发展现状，给予一定的配套政策支持。与此同时，在技工教育的管理运行机制建设方面，文件进一步明确，技工学校要接受劳动行政部门的业务指导，提升教学质量，将教学计划、实习计划、招生计划、编制计划上报给产业主管部门审批，并在地方行政部门和中央人民政府劳动部备查。中央各产业管理部门领导下的技工学校的招生地和招生简章应由本部门确定，在征得劳动部同意之后，由招生地劳动部门协助技工学校招生。文件还将地方国营产业部门的技工学

---

① 政务院：《关于整顿和发展中等技术教育的指示》，1952年3月21日。

校的招生地和招生简章制定等权限归由直属产业管理部门，并与招生地的教育部门联系，经由本地劳动行政部门同意之后实施①。

1954 年，国家正式发布了《中等专业学校章程》和《政务院关于改进中等专业教育的决定》，对中等专业教育的专业设置、教学计划、招生对象、学习年限进行了细致规范，进一步丰富了中等专业教育制度体系。按照《中等专业学校章程》的规定，主管业务部门要对中等专业学校教学计划负责，在制定详细的教学计划之后需报请高教部审批。同时，根据国家出台的编制标准，中等专业学校的行政人员和教学辅助人员的编制应符合相关要求，中等专业学校校长应由主管业务部门任免，并上报中央高教部备案，中等专业学校校长对学校发展负责，对主管业务部门和中央高教部负责。学校编制预算报主管业务部门批准，由主管业务部门负责向中等专业学校拨给②。

1955 年，国家出台了《关于提高教学工作质量的决议》，标志着国家逐步开始关注职业技术教育的教学质量问题，预示着职业教育发展不仅要关注数量的增长，同时也应意识到提高职业学校教学质量的重要性和必要性。

三、政策主要特征及实际影响

（一）政策特征

随着国民经济的不断恢复，新生人民政权得到进一步巩固，党和国家对整个教育领域进行了重新整顿。通过一系列行之有效的措施，初步建立了新中国中等职业教育体系，并逐渐形成了以中专技工教育、职业教育、职业教育培训为主要形式的教育结构，为新中国初期职业教育发展奠定了基础，同时也丰富了新中国教育体系。这一时期我国职业教育政策呈现如下特征。

1. 采取中央集权式的职业教育资源调配方式

历史制度主义认为，理念会对制度和政治行为产生影响。彼得·

---

① 劳动部：《技工学校暂行方法（草案）》，1954 年 4 月 25 日。
② 教育部：《中等专业学校章程》，1954 年 11 月 24 日。

豪尔指出，理念是制度变迁的动力源泉，理念会在特定的结构环境下对特定的政治人物产生影响，在其他因素的共同影响下，理念会推动某些特定政治人物做出特定的政策选择。理念要借助一定的组织渠道，才能发挥其对经济社会的影响作用。任何理念只有被有力的政治组织所采用并与意识形态相结合才会在社会集体中进行广泛的传播，进而得到强化。无独有偶，坎贝尔也认为，制度变迁需要以认知和规范作为关键基础，思想观念对制度变迁有重要影响，政策体现着政策制定者的思想观念，充当基础性假定的作用①。在坎贝尔看来，在制度变迁过程中，不同的理念会对制度变迁施加不同的影响，进而产生不同的结果。其中，范式是认知性的基础假定，决策者的选择会对制度变迁产生影响。

从实际情况看，1953年，中央提出了"党委决定、各方去办"的领导原则，教育行政权集中统一的特性得到强化。在当时的历史背景下，要结合中国国情推动教育事业发展，就需要集中人力、物力、财力。而要想完成上述目标，就需要一个富有号召力的中央政府和强有力的领导集体。为了向工业发展输送人才，国家需要对教育体制进行改革，这一时期职业教育改革的突出特点就是以自上而下的行政命令方式整合优化不同领域的教育资源，因地制宜地推动职业教育发展。当时，新中国正处于百废待兴的阶段，各行业都需要大量的专业技术人才，而职业教育承担着培养中级干部和专业人才的重任。职业教育还要拿出部分资源和教师力量对在职职工进行培训，以便提升在职职工的技术水平，适应当时的经济社会发展需求。

从政策的实际效果看，中央集权式的职业教育资源调配方式使国家技术人才培养工作快速进入了正轨，并加强了党在教育领域的领导力，职业教育快速地为新中国建设输送了大量人才，为此后的经济社会发展和新中国建设提供了坚实的人才保障，这也充分体现了中国共产党的政治优势和新中国的制度优势。值得注意的是，这种教育行政

---

① 向静林、田凯：《坎贝尔制度变迁理论及其对我国地方政府制度创新研究的启示》，《中共浙江省委党校学报》2015年第1期。

管理方式是在特殊国情基础上建立起来的，通过国家干预的方式使职业学校改革纳入行政体系，但这种方式也有一定弊端，比如出现职业学校行政化现象等。

2. 以服务经济社会发展作为职业教育政策主导价值方向

新中国成立初期，职业教育政策发展紧跟经济社会发展步伐，呈现出服务经济发展的特点。经济基础决定上层建筑，而教育领域正是上层建筑的重要内容，承担着培养社会主义建设者和接班人的政治使命，这就需要各级教育自身要有明晰的价值判断。受所处时代的影响，包括职业教育在内的教育被当时的人们赋予了深刻的政治含义，甚至有些人认为教育是一种有效的政治资源。由于新中国刚刚成立，在教育事业改革发展上仍然处于探索阶段，加上中国之前遗留下来的各种生产建设问题，需要大量的人才。因此，职业教育必须为生产建设服务，满足当时经济社会发展的需要。

在党和政府的号召下，经过职业学校培训的劳动者必须参与到新中国建设中，这些劳动者还系统地接受了意识形态教育，思想政治素质显著提升，具备了一定的民主、平等观念和较高的文化水平，从而有力地推动了经济社会的发展。可见，职业教育能够为经济发展输送大量技术人才，有利于经济恢复和发展。换言之，职业教育政策的完善推动了职业教育的发展，对国家政治经济建设起到了基础支撑和人才储备的作用。应该看到，经济是教育发展的实现条件，对职业教育发展而言尤其起着不可忽视的改善作用，但同时经济发展也会受到人才因素制约。

（二）实际影响

1. 明确了中等技术学校的人才培养目标

按照这一时期的政策要求，中等技术学校应将理论与实践相统一，培养一批具有扎实基础知识并掌握现代技术，能够主动投身到社会主义改造和建设之中的中级技术人才。职业教育以初级职业学校作为建设重点，以中等职业学校作为主要发展方向，并要求职业学校在发展过程中应按照专门化和单一化的原则进行学科设置，在人才素质培养上要注重综合性。教育部门和业务部门作为中等技术学校的主要领导部门，应做好分工协作工作，特别是业务部门要充分发挥对中等技术学校的指导作用。中央各行政区、省、直辖市分别成立中等技术教育委员会，对涉及本地区的中等职业教育的重大问题进行研究，并给出指导性意见。

在这一时期，教育部提出"以老解放区新教育经验为基础，吸收旧教育有用的经验，借助苏联经验，建设新民主主义教育"①。教育部从职业教育发展角度出发，做了如下准备工作：一是对原解放区职业教育经验进行了吸收和创新，特别是在华北、东北、华东等老解放区因地制宜地将职业教育与生产劳动进行融合，既适应了老区建设的实际需要，也适应了革命战争的需求。二是新办的正规职业学校开设文化课、业务课和政治课。三是明确职业教育的目标是培养专业干部，制定了灵活的学制方针，鼓励行业部门兴办职业学校。这些举措为新中国培养了大量急需的专门技术人才，在办学宗旨、指导思想和一系列方针政策上积累了宝贵的经验②。因此，尽管当时职业学校办学条件十分艰苦，但这种全新的职业教育办学体制和职业教育思想为新时期开创职业教育新发展格局提供了有益尝试。

此外，国家明确了职业教育向工农开门的总体方针，将职业学校作为培养工农干部和劳动群众的重要场所，通过职业学校教育，进一步提升了工农干部和群众的文化素养。同时，对原有的职业学校进行了改造，将部分原老解放区的职业学校迁至新的校址，并在部分地区新建了职业学校，这些职业学校成为中等技术教育总体框架的主要支撑。按照开门办学的总体方针，依托职业学校的特点和优势，职业学校在短时间内提升了广大人民群众的文化素养，为之后职业教育领域各项事业的协调发展，以及经济的恢复和民生的改善奠定了坚实的人才基础。

2. 技工学校数量和学生规模持续增加

1951 年，政务院出台了《关于改革学制的决定》，其中明确强调

---

① 雷冬玉：《基础教育课程改革预期目标的偏离与调控研究》，博士学位论文，湖南师范大学，2010，第 34 页。

② 闻友信、杨金梅：《职业教育史》，高等教育出版社，2012，第 129 页。

了职业技术教育的重要性，并在全国范围内开始兴办职业技术学校。经过三年的整顿和改造，中等技术学校获得了较大发展。1952 年，全国有中等技术学校 1 710 所，在校生 635 609 人①。1949—1957 年，中等技术学校在校生由 22.9 万人快速增长到 77.8 万人，增长近 2.4 倍；高校和中专学校分别为社会输送人才 26.9 万人和 84.2 万人，两者比例是 1∶3.13②。1953 年，国家正式制定实施了《发展国民经济的第一个五年计划》，涵盖 156 项大型项目需要的大量技术人员和技术工人。国家同时提出"五年内，中央工业、农业、林业、运输、邮电、劳动等部门将培养熟练工人 92 万多人"的计划目标，并进一步明确"工人技术学校是培养熟练工人的主要方式之一"③。随着大型建设项目的不断推进，对技工教育也提出了更高要求，技工学校改革创新也进入新的发展阶段。在政策的激励下，截至 1952 年，全国已有技工学校 22 所，在校生多达 15 000 人④。通过技工学校系统的教育和培训，培养出了数量庞大、经济社会发展急需的技工人才，为新中国经济恢复和发展提供了大量宝贵的人力资源。技工学校的快速发展，吸纳了当时 400 多万失业青壮年，为青壮年创造了更多的劳动机会，帮助他们实现就业，妥善解决了失业青壮年的就业问题，维护了社会稳定。

综上所述，经过一系列政策的出台和实施，中等技术学校、技工学校都获得了较大发展，并形成了较为完善的中等职业教育体系，为新中国经济建设输送了大量合格的技术型人才，并让职业教育在国家经济建设中找到了自身的位置和发展空间。

3. 中等专业学校的公立化和专业集中化程度得到加深

中等专业学校改革通常是在主管部门的主导下推进的，按照当时

① 方展画、刘辉、傅雪凌：《知识与技能——中国职业教育 60 年》，浙江大学出版社，2009，第 46 页。

② 俞启定、和震：《中国职业教育发展史》，高等教育出版社，2012，第 137 页。

③ 陈福祥：《公共性职业教育培训的有效供给》，博士学位论文，西南大学，2011，第 10 页。

④ 王富丽：《建国后十七年职业学校的发展与启示》，《职教通讯》2013 年第 4 期。

的职业教育政策规定，中等专业学校经费主要由业务部门负责筹措，不纳入国家教育经费开支，同时明确主管业务部门也负有对学校各项管理事务进行领导的职责。1953 年后，国家先后颁布了一系列政策文件、法律规范，中等专业学校进入大发展时期，呈现出"公立化、集中化、规范化"的特征，为中等专业学校的长足发展奠定了基础。

在这一时期，中等专业学校的公立化和专业集中化程度得到加深，确立了中等职业教育"统招统配"模式，这与当时高度集中的计划经济体制紧密相关。在计划经济体制下，一切教育资源和经济资源都是在国家的控制下运行的，无论是政府创办的职业学校，还是其他类型的职业学校，都需要遵照国家的统一招生计划进行招生，国家对毕业生进行统一安排，这种模式在当时特殊的历史背景下发挥了一定作用。

四、小结

新中国成立后，国家一方面需要恢复经济和改善民生，另一方面要保障和巩固新生人民政权。为了进行经济建设和发展国计民生，需要职业教育为社会培养大批急需的专业技术人才，从而为国民经济恢复和社会发展奠定良好基础。针对旧的职业教育制度进行系统化改革成为党和政府必须思考的现实问题。在这一时期，国家大力发展专业技术教育，系统构建专业技术教育体制成为职业教育发展面临的重要战略任务。这一时期的职业教育政策重点突出"整顿"和"改造"的目标，通过制定一系列指导性文件和切实可行的政策措施，为新中国职业教育的快速发展指明了方向，职业技术学校的数量和学生规模持续增加。中等专业学校得到进一步发展的同时，专业技术人才及培养也日益受到高度重视。在中国共产党的领导下，从新中国成立初期到社会主义改造基本完成，国家就根据实际需要初步建立了技工教育制度，尤其是《技工学校暂行办法》的颁布在客观上加速了技工学校的兴办，对于职业教育的发展具有积极的助推作用。

第二节　社会主义建设探索时期的职业教育政策（1957—1977）

　　职业教育的发展与社会需要紧密相连，受计划经济体制的影响，旧有的中等专业技术教育制度与实践相偏离，为改变这一现状，在社会主义建设探索时期，职业教育政策得到进一步完善。从整体上看，1957—1977 年的社会主义建设探索时期可以分为两个十年。在第一个十年，国家初步构建了中等职业教育的基本框架，并在实践中探索形成了半工半读教育制度，职业教育事业得到进一步发展。在第二个十年，受当时的国内环境影响，职业教育受到较大冲击，大量职业学校和技工学校停办。到 1970 年，我国中等职业教育在校生只占到高中阶段比例的 1.7%。虽然到 20 世纪 70 年代末职业教育有所恢复，但也仅占高中阶段的 4%。从当时高中毕业生的升学率来看，能够上大学的学生仅占到 3.8%，多数高中生毕业之后就面临失业问题，给社会带来了巨大就业压力①。

一、政策环境

（一）职业教育领域教育公平问题相对突出

　　从整体上考察，这个时期的职业教育领域的教育公平问题主要体现在招生录取公平和就业分配公平两个层面。《中等专业学校章程》规定，凡是年龄在 15 周岁以上、25 周岁以下的中华人民共和国公民，且具备初级中学毕业或同等学力的学生都可以报考中等专业学校。对于少数民族学生、产业工人和工农干部给予了一定政策优惠，入学年龄可放宽至 30 周岁。在报考条件上，规定报考者需在持有初级中学毕业证书或同等学力其他相关证书的同时，还必须具备体格检查证明，经考试合格后正式录取入学。

---

①　张正身、郝炳均：《中国职业技术教育史》，甘肃教育出版社，1993，第 26 页。

《中等专业学校章程》明确规定，中等专业学校在考试内容上重点考察文化知识和常识，中等专业学校设置的考试科目主要包含语文、数学和中国革命常识，报考美术学校和建筑艺术学校的考生应加考圆画科目，凡报考体育、音乐及戏剧专业的考生根据所报考的专业不同加考相应考试项目。从录取原则上规定对于产业工人、青年农民、烈属军属子女、革命工作干部、工农子女和少数民族考生在报考成绩相同的情况下可以优先录取①。这种对于工人、农民和干部优先录取的方针政策在具体落实过程中，从客观上造成了对其他利益主体的排斥，造成了一定的教育不公。

中职学校学生毕业之后由国家统一分配，部门承担办学管理职责，同时也承担安排毕业生就业的任务，当时的中职学生毕业后基本都是面向本部门或本系统、本行业就业②。按照"谁办学谁负责，谁办学谁分配"的原则，《技工学校暂行办法》第20条也规定，技工学校的毕业生由其产业管理部门分配工作③。这一政策在保障毕业生就业权益的同时，在一定程度上影响了学生的横向流通，其带来的弊端就是各部门为了满足本系统的用工需求，主办的职业学校不得不追求"小而全"，导致各个职业学校专业重复设置，行业办学的局限性日益凸显，职业教育资源难以均衡配置，在一定程度上影响了中等职业学校的教学质量和人才培养质量。

众所周知，对于任何一个部门和行业系统而言，其内部构成的复杂性决定了其对于专业人才需求的多元化，仅依靠一个部门或一个系统是很难涵盖所有学科和专业的。同时，由于不同系统和所有制的限制，学生毕业之后也会出现分配不平衡的问题，部分紧俏专业的学生难以满足部门的需求，但其他专业的学生毕业之后却出现了富余现象。例如，一些全民所有制单位毕业生严重饱和，不希望再继续接收；而另一些条件艰苦的单位却由于缺少编制得不到急需的人才，这

① 李蔺田：《中国职业技术教育史》，高等教育出版社，1994，第259页。
② 李蔺田：《中国职业技术教育史》，高等教育出版社，1994，第291页。
③ 李蔺田：《中国职业技术教育史》，高等教育出版社，1994，第291页。

种部门之间各自为政的局面在很大程度上影响了职业教育的健康可持续发展。

（二）职业教育培训的需求更加多样

随着职业教育政策的不断完善，职业教育体系基本建立，职业培训开始备受国家的关注和支持，特别是技工教育发展尤其迅猛。新中国成立之后，原有的学徒制仍然存在并得到大力发展，主要是为了解决旧社会遗留的失业工人问题。早在 1951 年，上海市率先开展了带训学徒教育制度，并为其出台了相应的管理办法。而随着新中国经济的不断发展，对技术工人的需求也越来越大，部分国有企业开始尝试开展学徒制培训。在社会主义建设探索时期，随着经济社会的迅猛发展，各行各业都出现了大量职工队伍，但在企业生产技术革新背景下需要按步骤对各行各业的职工进行系统培训，不断提升他们的生产技能。国家非常重视推进各项经济建设工作，这需要大量的人才投入。但在社会主义建设探索时期，实际情况是有一大部分干部队伍文化水平参差不齐，甚至非常有限，根本不具备驾驭本地区经济社会发展的能力，也难以满足领导本地区经济社会建设的工作要求。为此，国家从顶层设计层面统筹考虑，给予了干部和工农群众更大的政策倾斜，使他们能够有机会就读中等专业学校，从而提升自身的文化水平，由此也催生了短期培训班、专业技术班和技术知识讲座等教育形式。

（三）"多快好省"地发展教育事业

新中国进入社会主义建设探索时期后，中央提出"轻工业与重工业齐头并进"的方针，在这一方针的影响下，国家进入了一个"不正常"的发展时期，教育领域也受到冲击。这一时期，国家在出台教育领域各项政策文件时，提出了"多快好省"地发展教育事业的政策导向。如，1958 年，中共中央、国务院印发了《关于教育工作的指示》，其中提出，教育要与劳动生产相结合，多快好省地发展教育事业①。这一时期的职业教育政策多以鼓励为主，如尝试半工半读等职业教育形式。在社会主义建设探索时期，职业教育政策的调整总体上

---

① 中共中央、国务院：《关于教育工作的指示》，1958 年 9 月 19 日。

还是紧跟经济社会发展步伐，并力求为经济社会发展服务，因而形成了积极创办职业学校、扩大职业院校学生规模的政策导向。

（四）确立了与生产劳动相结合的基本方针

在国家的倡导之下，学徒制和农业科技推广的教育体系不断完善，形成了一系列的制度和政策规章。但随着国内政治环境的变化，原有政策规定的职业学校的教育教学内容被思想政治教育和生产技术教育相结合的内容所替代，职业学校正常的教育教学受到较大干扰。

在教育方式上，学校将教育教学与生产劳动相结合，学校招收的学生更注重思想品质和家庭出身，大量的农村家庭的学生成为教育对象。而过分强调政治的教育方针打击了农村职业教育的发展，原有的农村职业教育网络受到破坏，非学制系统的农村职业教育机构原有功能逐渐消解，学徒制不复存在。

（五）职业教育发展陷入停滞状态

经过一段时期的探索和建设，中国职业教育在国家的政策引导下，不仅在数量上获得了较大发展，同时也形成了相对完整的职业教育体系，各类专业学校、农业中学和半工半读式的学校遍布全国，吸纳了大量的青年群体，解决了很多青年人的就业问题，并在实践中探索出了学徒制等一系列新的人才培养模式，构建起了较为完善的农业技术推广体系[①]。但在这一时期，受国内政治环境的影响，原有的职业教育政策不能得到有效落实，抑制了职业教育的正常开展。

二、主要政策文件及内容

1954 年，政务院出台的《关于改进中等专业教育的决定》就明确指出，为了配合第一个五年计划任务，中等专业教育应契合国家经济发展需求，有计划地培养中等专业技术人才和管理干部。在管理体制上明确了中央高等教育部负责中等专业教育各项具体归口管理工作，并结合当时中等专业教育事业建设发展的实际情况，根据各业务

---

① 陈红艳：《新中国农村职业教育政策分析》，硕士学位论文，陕西师范大学，2006，第 31 页。

部门的建议，国家统一制定详细的中职学校招生计划，中职学校招生必须服从国家的统一招生计划，"统招统配"模式成为中等职业教育的一大特色。自此，中职学校招生权收归国有，招生计划受到国家的严格管制，在当时的计划经济背景下，"统招统配"模式是国家基于当时经济政治等多方面考虑的自然结果①。

1957年，国务院制定了详细的学徒制度，对于学徒制度的实施范围，学徒制度的学习期限计算，学徒制度所涉及的伙食费合同条款，学徒参加计价工作的报酬、奖励金、补贴，以及学徒转成正式职工之后的福利待遇等相关问题进行了明确规定。同年，国务院出台了《关于国营、公私合营、合作经营、个体经营的企业和事业单位的学徒的学习期限和生活补贴的暂行规定》，支持各行各业推动学徒制发展，明确学习期限和生活补贴，体现了对技术人才生活的关注，为职业教育吸引人才提供了有力保障②。

1963年，周恩来总理在《关于中小学和职业教育问题的讲话》中明确提出，要大力推动职业教育发展，并建设一批职业学校③。同年，教育部部长杨秀峰在职业教育座谈会上的报告《关于在城市办职业学校的初步意见》中明确要求，要推进各种类型的职业学校建设，特别是对于不能升学的初高中毕业生，要对其开设技术培训和短期职业教育，帮助他们更好地实现就业。

1958—1964年，刘少奇先后提出了"两种教育制度，两种劳动制度"和"成立专管半工半读教育机构"等主张。全国各地各级各类半工半读学校迅猛发展，涌现出了大量农业中学、半农半读中学和城市职业中学。例如，当时在城市工厂兴起的"六二制"半工半读班、教育部门兴办的"四四制"半工半读职业学校都是职业教育的有效尝试。

1964年，国务院以（64）485号文批转高等教育部《关于中等专

---

① 政务院：《关于改进中等专业教育的决定》，1954年9月26日。
② 国务院：《关于国营、公私合营、合作社营、个体经营的企业和事业单位的学徒的学习期限和生活补贴的暂行规定》，1958年2月6日。
③ 周恩来：《关于中小学和职业教育问题的讲话》，1963年10月18日。

业学校招生和毕业分配统筹规划问题的报告》指出，结合国家经济建设和社会发展需要，中专技校和职校当前的主要工作任务是要将半工半读模式作为学校建设的主要方向，同时中等专业教育司承担起三类学校的管理职责①。这一政策进一步强化了国家对职业教育的全方位统筹管理，但并没有对中专和技校由行业部门和企业办学的格局进行调整，教育行政部门更多承担的是业务领导职能。

随后，国家集中出台了一系列的政策文件，要求教育部门处理好职业教育、普通教育和技术教育三者之间协调发展的关系，职业学校、技工学校建设要加大推进力度，并明确将中等专业学校作为重点建设对象。1966—1976年，高等职业教育总体而言是缺位的，只存在初等和中等教育，职业技术教育发展计划并没有得到真正的落实，很多计划都中途搁浅，甚至到后期中等职业学校也被关、停、并、转，造成了中等教育结构的单一化。

1971年7月，在北京召开了全国教育工作会议，各地代表各抒己见。会议明确指出，当前大学教育规模还十分有限，难以满足经济社会发展需求，特别是从社会主义建设的实际需要来看，中专学校培养和输送了大量人才，因此在普及科学文化教育中，应看到中专和技校的价值和作用。同时，会上还决定，要尽快恢复职业教育，并给予职业教育一定的政策支持，大力办好中专教育。同年8月27日，对外贸易部向国务院上报要开办外贸中等专业学校的请示，随后国务院批准了该请示。随后，各级地方政府也开始重视职业教育的发展，这使得各地一大批中等专业学校和技术学校在一定程度上得到了恢复和发展。

1976年以后，职业教育出现了恢复性增长，并在曲折、艰难的环境下不断地进行探索和总结经验。同时，人们也开始对过去的职业教育政策进行反思，广大人民群众迫切希望改变当时的生产生活，并认识到职业教育对于推动地区经济社会发展的价值和作用。

---

① 教育部：《关于中等专业学校招生和毕业分配统筹规划问题的报告》，1964年10月12日。

三、政策主要特征及实际影响

（一）政策特征

1. 自上而下的制度变迁态势显著

在当时特殊的历史背景下，半工半读学校的发展确实帮助很多毕业生解决了升学问题。但由于受到当时历史条件的限制，很多半工半读的学校并没有从自身条件出发合理规划自身的发展和提升办学质量。半工半读学校一哄而起，只注重数量，没有注重办学质量，导致这类学校的教育教学质量不断下降。虽然当时国家针对半工半读学校进行了一系列的制度设计和实践探索，但没有真正地将半工半读学校的发展作为国家基本的职业教育制度确定下来。

换个角度看，"个体是制度分析的重要视角，个体的制度功能，不但专指领袖的首创作用，而且也更多体现为普通个体的制度参与、制度反馈与制度修补"①。在整个国家制度变迁过程中，个体和群体扮演着重要角色，二者的相互作用推动了国家制度的变迁，作为事关全体人民根本利益的教育事业得到了社会各界的广泛支持。

新中国成立后，按照相关制度要求，中央教育行政部门直接对学校进行指挥和管理，这种直接管理的弊端在50年代中后期开始凸显。由于受到"左"倾思想的影响，国家逐步地将教育管理权下放给基层，"从过去只由中央部门或教育部门为主办学，到出现中央各部门、地方产业部门、教育部门、劳动部门及厂矿企事业单位等多渠道办学的新局面。这对解决地方办学积极性不高，限制教育事业的发展，不能满足人民群众日益增长的要求等问题起到了很大的作用"②。这一政策在一定程度上让基层获得了一定的发展职业教育事业的主动权，却一度造成了整个教育事业发展局面的失控。从政策执行的效果考察，这一时期出现的教育事业发展混乱局面，使教育质量受到了严重的影响。

---

① 王向民：《公众人物如何影响中国政策变迁》，《探索与争鸣》2015年第12期。
② 王富丽：《建国后十七年职业学校的发展与启示》，《职教通讯》2013年第4期。

2. 逐渐探索出适合当时国情的职业教育发展模式

1957 年 5 月 5 日，《中国青年报》《人民日报》发表关于勤工俭学的社论，社会反响热烈①。1958 年，新中国开始尝试半工半读的职业教育模式，这一模式从根本上来说是学徒制的一种创新，实现了实际操作技能培养和教育教学的有机结合。在当时特殊的历史背景下，对于技术人才培养需求非常迫切，半工半读式的教育方式不仅改变了当时单一的全日制教育结构，丰富了职业教育体系，也为后来职业教育的日臻完善打下了良好基础，提升了学生的实践操作能力②。在刘少奇的建议下，从国家政策层面开始更加重视职业教育发展，并提出了"两条腿走路"的发展思路，同时在教育方式上进行了大胆创新，半工半读、半耕半读等职业教育与生产生活相结合的办学模式得到广泛推广。

从实践层面看，当时的很多职业学校因地制宜地通过丰富多样的职业教育人才培养模式创新，极大地改善了职业教育的发展状况，让更多青少年通过勤工俭学、半工半读等方式接受了相对系统的职业教育，同时也为当时的国家建设提供了大量有技术、有文化的人才，"两条腿走路"的职业教育发展思路符合当时的国情③。

3. 职业教育政策受政治氛围影响较大

20 世纪 60 年代中期开始的这一时期，原来的教育机构和教育体系受到了严重破坏，职业教育体系遭受重创，职业教育学校受到巨大冲击。职业教育学校所开展的教育内容更多是初级水平的教育，难以培养出高素质的人才，也进一步导致了新中国农村技术人才和管理人才的断层。因此，这种教育方式虽然在一定程度上满足了农工上学的需求，但从实际情况看并没有取得好的效果。

4. 农村职业教育发展与农村实际联系逐渐紧密

在"上山下乡"的背景下，农村职业教育以短训加实践的模式为

----

① 上海人民出版社：《论勤工俭学》，上海人民出版社，1958，第 46 页。
② 李梦卿、刘晶晶：《我国职业教育 150 年的局变与势况》，《中国职业技术教育》2016 年第 34 期。
③ 陈波涌：《半工半读职业教育思潮（上）》，《职教论坛》2004 年第 28 期。

主，特别是在农业和医学领域表现得尤为突出，朝阳农学院和"赤脚医生"的培养就是按照这一模式来进行的。这类学校坚持在农村办学，很多学生毕业之后分散在农村工作。从实际办学的情况看，这种缩短学制、短期培训的教学模式，在教学内容上仍以思想政治教育为主，学校课程内容以自编教材为主，在教学时间安排上一般都是半天劳动、半天上课，这种教学方式成为农村学校的主要形式。

（二）实际影响

1958年，中共中央批转劳动部党组报告，提出要大力发展技工学校，在政策指引下，全国范围内掀起技工学校建设热潮。截至1960年，全国有技工学校2 179所，学生51.7万人（见表2.1）[①]。这一时期技工学校情况较为特殊，招生环节需要与地方教育部门沟通协调，而劳动部门则负责技工学校的业务指导。截至1965年，全国有半工半读中等学校7 294所，在校生约126.65万人[②]。据统计，仅仅在两年的时间里，职业中学从1963年的546所增至1965年的7 294所，在校生人数由6.21万人增至约126.65万人[③]。由此可见，在这一时期，职业学校数量和在校生规模的增速都是十分惊人的。

从整体看，1957年到1965年，新中国职业教育发展迅猛，尽管其间曾经历挫折，对新中国职业教育产生了负面影响，但恢复之后，职业教育整体呈现良性发展态势。职业教育结构经过几次调整和完善，与当时的经济社会发展需求相契合。同时，教育行政管理经过中央与地方政府的几次调整，实现了政府与学校关系的协调。可以说，新中国成立之后的十几年，国家非常重视职业技术教育的发展，并构建了相对完善的具有中国特色的职业技术教育体系。

从1966年开始，职业教育政策遭到了严重破坏，致使中等职业教育结构单一。各类中等职业院校被要求停止招生，校舍被占用，很多学校撤销停办，教师队伍就地解散。各类中等职业技术学校在校生

---

① 刘英杰：《中国教育大事典》，浙江教育出版社，1993，第1782页。
② 刘英杰：《中国教育大事典》，浙江教育出版社，1993，第1746页。
③ 刘英杰：《中国教育大事典》，浙江教育出版社，1993，第1745页。

占高中阶段学生总数的比重从 1965 年的 51.8%，下降为 1970 年的 1.7% 和 1976 年的 4.4%[①]。1971—1976 年，中等技术学校、中等师范学校和技工学校得到恢复，但这种恢复具有明显的局限性，职业学校和农业学校并没有获得恢复的机会，蒙受了巨大的损失。高等教育受到的冲击更为严重，从 1966 年开始，全国高校停止按计划招生长达 6 年之久，高等专科学校在校生急剧减少。1968—1971 年，全国没有一名在校专科生[②]。

表 2.1　1957—1965 年我国职业教育发展状况

年份	中等技术学校		技工学校		中等职业高中		初等职业学校	
	学校数（所）	在校生数（万人）	学校数（所）	在校生数（万人）	学校数（所）	在校生数（万人）	学校数（所）	在校生数（万人）
1957	728	48	144	6.7				0.2
1958	2 085	71.6	417	16.9	20 000	2 000		36.8
1960	4 261	105	2 179	51.7	22 597	2 302		32.7
1962	956	34.8	155	6	3 715	267		0.5
1964	1 125	39.7	334	12.3	15 108	1 123		
1965	871	39.2	400	18.3	61 625	775		365.8

注：缺少 1959 年、1961 年、1963 年数据。

虽然中等专业技术教育受到了冲击，但人民群众在实践中也积累了很多办学经验，人民的智慧在特殊的历史背景下进行了特殊形式的尝试。例如，开展场带专业、校办工厂、厂校挂钩、开门办学等方式，为应用型人才培养创造了一定的条件。为了缓解技术员紧缺的现实情况，上海机床厂开始尝试"从工人中培养技术人员"这一做法，受到全国各地的热烈欢迎。按照这一思路，学生需要从具有实践经验的工人、农民中选拔，经过几年的跟岗培养，再回到工作岗位。在这一时期，很多高等学校的办学也是举步维艰，原有的办学难以为继，特别是一些理工科类高等学校实际上办成了高等职业学校，培养了一

[①]　李蔺田：《中国职业技术教育史》，高等教育出版社，1994，第 345 页。
[②]　李钧：《中国高等专科教育发展史》，学林出版社，2005，第 173 页。

批工农业生产实用型人才。在具体教学过程中，学员结合生产任务和科研任务进行学习，在项目中获得经验，通过理论结合实际的方法，达到了学以致用的目的，这些有益的探索也在客观上推动了中等专业学校和技工学校的发展。

1970—1977 年，在国家的政策调整过程中，新中国的中等职业学校和技工学校在一定程度上得到了恢复，甚至还略有增长（见表2.2）。1976 年，全国中等职业学校达到 1 461 所，技工学校达到了1 267 所，相较于 1970 年都出现了增长。相应地，学校招生数和在校人数也得到了一定程度的恢复。此外，部分农业大学和农学院搬到农村之后，也在客观上推动了农村职业教育的发展。

表 2.2　1970—1977 年全国中等专业技术教育发展统计[①]

年份	中等专业学校		技工学校		招生数占高中阶段比例（%）
	学校数（所）	招生数（万人）	学校数（所）	招生数（万人）	
1970	685	2.5			1.03
1971	955	10.0	39	0.30	3.11
1972	735	11.4	236	3.36	3.00
1973	1 058	16.4	653	6.60	5.08
1974	1 234	17.8	906	5.82	4.07
1975	1 326	18.4	1 151	9.74	4.25
1976	1 461	38.6	1 267	21.1	4.42
1977	1 482	40.2	1 362	24.2	4.46

四、小结

在社会主义建设探索时期，新中国职业教育得到快速发展，特别是农村地区农业中学和职业中学的出现，改变了农村没有职业教育的局面，同时也让农村青少年接受了相对系统的职业教育，优化了新中国农村教育结构，提高了当时的农村教育质量，实现了农业生产与农村教育的有机结合，为农业生产提供了大量技术人才。新中国对于农

---

① 俞启定、和震：《中国职业教育发展史》，高等教育出版社，2012，第 159 页。

业的社会主义改造，最初希望通过互助组、初级合作社、高级合作社的发展思路来实现农业现代化的目标。1958年，新中国提出了要走人民公社化道路，这一时期农业生产需要大量的技术人才；同年，江苏省率先开展了农业职业教育实践探索，面向小学和初中毕业生开办了农业中学，通过自主办学的方式探索农业职业教育发展道路。这一时期，新办的农业中学成为职业教育的试验田，学校的课程设计和教学内容紧贴当时的农业生产需求，学生在学校学习的新知识和新技术在毕业之后能够迅速在农村得到广泛应用，这种产教结合的方式为人民公社化发展提供了大量人才。这一阶段新中国职业教育在农村地区迅速普及，形成了中等专业学校、技工学校和农业中学不同类型的职业学校教育方式，同时也构建起了中等职业教育基本框架，为新中国职业教育发展奠定了坚实基础。

当时，包括职业教育在内的教育事业遭受了冲击，很多农业中学被完全取消，大量学生辍学，学校变成了工厂，中等专业学校也受到了打击。到了20世纪70年代中后期，原来的全国统一招生考试制度被打破，职业学校开始选拔具备实践经验的工人接受中等职业教育或高等教育，让他们在学校接受技术培训之后再回到一线生产岗位。这一时期很多原来的理工科高等学校在政策的影响下变成了高等职业院校，为当时的农业生产培养了一些实用型技术人才。

综上所述，从新中国成立到改革开放前，我国的职业教育经历了不平凡的发展历程。在特殊的历史时期，职业教育发展以政治力量驱动为主，客观上满足了政治需求，但对职业教育本身的作用和规律的认知还存在明显的偏差，特别是在普通中等教育、高等教育和职业教育方面政策倾斜度差别较大，发展很不平衡，加之新中国成立后实施了社会主义改造和计划经济体制、沿用苏联模式等原因，使职业教育原本狭小的发展空间变得更加拥挤。

一般而言，通常是在出现经济社会发展人才不足或就业难度较大等问题时，职业教育的价值和作用才会进一步凸显。从历史制度主义视角来分析，新中国职业教育政策虽然取得了一定成果，同时也出现部分问题。比如，新中国成立初期，职业教育政策重在引导职业学校培养技术工人，忽略了职业教育的教育性，更多关注的是职业教育的工具性，服务国家经济建设的职业教育政策发展定位。在这一政策引导下，职业学校成为国家建设人才培养培训的基地，但这一时期职业教育政策缺少对职业教育本身及学生身心发展等的关注。

在社会主义建设探索时期，职业教育政策遭受挫折，这一时期的职业教育政策忽略了职业教育的规律性，缺少对技术技能人才培养规律的思考和把握，形成了"以快为好"的职业教育功利化导向。在1966—1976年这一时期，职业教育受到严重破坏，职业教育政策无法得到有效落实，一些好的职业教育政策被迫中断和取消①。

回望这一段艰辛坎坷的发展历程，职业教育尽管屡屡遭受不幸，但作为普通教育之外技术工人培养的主要承担者，其仍然在经济社会发展中发挥了应有作用，为国家经济建设输送了大量合格的劳动力和建设者，有力地支撑了中国工农业体系建设。特别是随着中国工业化进程的不断推进，更需要职业教育发挥其在教育体系中不可替代的作用。历史证明，一旦中国的治国理政方略重回正轨，职业教育在经济社会快速发展的背景下，必将焕发出新的生机。

---

① 李蔺田:《中国职业技术教育史》，高等教育出版社，1994，第347页。

第三章 改革开放至新中国成立七十周年间的职业教育政策变迁（1978—2019）

1978年12月18—22日，党的十一届三中全会胜利召开。以此为标志，改革开放的号角响彻全国。中国迎来了20世纪第三次历史变革，成功开启了改革开放和社会主义现代化建设的新征程。1978年至2019年的41年间，国家先后出台了一系列法律法规和政策文件，改革职业教育办学体制，职业教育改革的深度、广度和难度均有所增加。改革开放以来，职业教育围绕社会主义现代化建设的大局，不断迎来发展机遇，主动迎接挑战，并在不同发展阶段形成了特色鲜明的政策演进路径和典型政策特征。

第一节 职业教育内在需求发展阶段的政策（1978—1989）

一、政策环境

单纯依靠政治力量驱动职业教育发展，不能完全适应职业教育自身发展规律，中等职业教育结构呈现出单一化态势。改革开放后，为突破职业教育发展失衡、失序和失控的现实困境，国家加大了对中等职业教育结构改革的力度，并提出重点发展职业技术教育的方针。

（一）职业教育体系和教育结构迫切需要调整

在改革开放前的环境影响下，当时的相关职业教育政策对职业教育的发展产生了非常大的负面影响，特别是造成了国家在经济建设过程中出现技能型人才严重短缺的现象。由于企业的工人缺少必要的技术培训和教育，在生产过程中严重影响了工作效率，同时人力资源质量的不断下降也给企业发展带来了很大的隐患。高考制度恢复之后，高等教育迎来了新的发展机遇，但对大多数人而言，大学升学通道仍然狭窄，且当时人口增长又出现了高峰，大量青年无法顺利实现升学、就业。因此，通过中等教育改革为这些知识青年提供就业所需的技能就成了必由之路。此外，从职业教育发展的历程看，中等职业教育作为新中国职业教育的主力，主要使命是为经济社会发展输送技术人才。改革开放后，随着产业结构的调整，企业大量涌现，急需数量庞大的技术人才充实到相应的岗位，要求职业教育发挥技术技能人才培养作用的呼声越来越高，这也为改革开放后的职业教育提供了重要的发展机遇。

改革开放之初，新中国在 30 年的探索过程中，已经深刻地认识到职业教育政策若要发挥作用，在其制定过程中一定要符合当时中国国情，要体现鲜明的中国特色。因此，党和政府下决心从宏观层面科学制定符合中国国情的职业教育政策，从而有效指导、稳步推进职业教育实践。而随着国家确立对外开放的基本国策，经济不断发展，产业结构也在迅速调整，站在新的历史起点，我国的职业教育人才培养的结构亟待调整，大力发展高等职业教育成为必然趋势。经济社会的不断发展与进步，要求教育领域做出及时回应，而积极制定职业教育政策、调整职业教育结构是职业教育事业回应经济社会发展需求的前提。历史地看，当时的高职教育发展模式仍处于起步探索时期，相关研究也不够深入。有鉴于此，加强职业教育政策研究和实践就显得十分必要。

（二）高素质技术人才培养的实际需求持续增加

随着党的十一届三中全会的召开，改革开放的东风吹遍神州大地，新中国开启了社会主义现代化建设的新征程。在以经济建设为中心的战略思想指引下，国民经济快速恢复并得以蓬勃发展。各地和各行业对各种类型的高级专业技术人才需求量持续猛增，各个行业都迫切需要一大批高素质的技术人才，但由于当时普通高校毕业生数量十分有限，加之计划经济时代的毕业生需要按照国家的相关要求统一分配，很多艰苦偏远地区很难获得优秀大学生。在此背景之下，一些经济基础较好的大中城市开始兴办职业学校，为本地经济社会发展培养专业的技能型人才，短期职业大学应运而生。

1977 年高考制度恢复之后，我国高等教育进入快速发展时期。与此相呼应，高等职业院校陆续设立，职业技术师范学院是新中国最早成立的高职性质的学校。进入 20 世纪 80 年代以后，中国经济社会快速发展，对高层次技术人才的需求量不断增长，国家和地方纷纷成立职业大学，推动高层次的职业教育发展。1980 年，教育部首次批准成立了 13 所职业高校。这些高校属于专科层次教育，由地方主办，招生对象主要是高中毕业生和少量中职毕业生，学校开设政法、应用文科、财经管理等多个专业，学制三年，由国家统一组织入学考试。高等职业院校具有办学灵活、学生缴费上学、办学经费来源多元化、不包分配等特点。这些职业大学的成立在短期内为新中国经济社会发展输送了大量高层次的技术技能人才，与之相对应的中国高职教育政策也逐步完善。1986 年 7 月 2 日至 6 日，国务院召开了新中国成立后第一次全国职业技术教育工作会议，职业教育发展进入了快车道。

二、主要政策文件及内容

1978 年 4 月 22 日，邓小平在参加全国教育工作会议时强调，"应该考虑各级各类学校发展的比例，特别是扩大农业中学、各种中等专业学校、技工学校的比例"[①]。同时要求教育规划的制定要与国家劳动部门的计划相结合，适应劳动就业发展的需要。在这一政策导向的指引下，国家开始大力发展职业教育。这次会议对于中等教育机构改

---

① 周明星：《30 年中国特色职业教育的发展》，《职业技术教育》2008 年第 30 期。

革具有积极推动作用，教育政策转向为职业教育发展带来了新的契机①。

1980 年 11 月 5 日，教育部印发《关于全日制中等专业学校领导管理体制的暂行规定》，明确要求中等专业学校实施分工分级、归口管理制度，由部委直管领导和相关业务部门主管。按照这一指示，教育部需进一步制定相关工作方针和规章制度②。这一政策明确了中等专业学校的管理机构，加速了中等专业学校改革进程，对于恢复和提高中等专业学校教育教学质量起到了极大的作用③。

1980 年，《关于中等教育结构改革的报告》明确指出，当前新的技术革命正在影响着世界，我国也应该加大对内改革力度，特别是在对外开放背景下要重视教育体制改革问题。在推动中等教育发展过程中不能仅仅依靠教育部门，各级人民政府和各部门都应该重视中等教育改革，各省应该建立相应的管理机构，推动职业教育发展，地方相关部门也应该做好提前规划，积极参与到中等教育结构改革之中。

随着经济社会的快速发展，对高层次技术人才的需求与日俱增。党中央明确提出要大力推动高职教育发展。随后，在第五届全国人大会议上明确提出要尽快办一批短期职业大学和专科层次职业学校，重视农村职业教育发展。1982 年，教育部出台《县办农民技术学校暂行办法》，进一步明确农业技术学校的中等专业教育学校性质，并提出其应为农村公社、生产队输送技术型人才。该办法还特别规定了农业技术学校招生对象主要为初中毕业及以上学历的社队管理人员、技术员，或具备一定生产经验的青年、从事农业教育的教师等。

1983 年，劳动人事部发出《关于改革技工学校毕业生分配制度等问题的意见》，规定 1982 年年底之前招收的学生可按照原规定分配

---

① 方展画、刘辉、傅雪凌：《知识与技能——中国职业教育 60 年》，浙江大学出版社，2009，第 80 页。

② 刘贞：《改革开放以来我国中等职业教育发展研究》，硕士学位论文，河北大学，2011。

③ 方展画、刘辉、傅雪凌：《知识与技能——中国职业教育 60 年》，浙江大学出版社，2009，第 86 页。

工作，但 1983 年以后招收的学生需按照"三结合"的就业方针实行，不再保证百分之百录用，而是择优分配①。这一政策表述是最早针对技工学校毕业生就业问题所做出的明确规定，同时也反映出国家在技工学校办学过程中对于一线技工人员培养提出了明确的质量要求。

1983 年，国家分别从经费、就业、补助、审批、师资建设等方面下发了各项文件。国家出台的《关于追加发展城乡职业技术教育开办补助费的通知》明确要求，从建设社会主义现代化大局出发，大力发展职业技术教育，且职业教育应为城乡发展做出贡献。在经费投入方面，中央给予一次性开办补助费，且各地方也可结合实际追加补助经费，给予地方城乡职业教育学校充足的经费保障。各职业技术院校也要用好追加补助费用，将钱用在职业教育最急需的领域，要真正地实现少花钱多办事。

与此同时，国务院还明确了高等专科学校和短期职业大学的审批问题，将高职院校的审批权给予了中央各部委及省市一级政府，要求各地在高等职业学校办学过程中要严格遵循相应的审批流程和标准，按照相关要求向教育部备案。这一政策的出台鼓励了很多城市及大型企业参与高职教育发展，而且这一时期组建的职业大学要求"规模不宜过小"。

针对职业院校的迅速发展，为了保证职业教育教学质量，教育部出台专门通知要求加强师资队伍建设，借助高校平台通过定向委培和定向招生方式培养职业教师，师资培训机制使职业教育有了专业的师资队伍来源，同时也有利于职业教育不断向前发展。1983 年 6 月，教育部首次对全国 47 名管理干部进行了培训，并邀请国外职业教育专家介绍国外职业教育经验，围绕职业教育办学相关问题进行了意见交换，对国外职业教育思想动态有了更为全面的了解，同时也提升了职业教育干部素养。

1985 年 5 月，《中共中央关于教育体制改革的决定》明确了职业教育体制改革的具体方案，这一政策的出台也标志着新中国职业教育

---

① 《关于改革技工学校毕业生分配制度等问题的意见》，劳人培〔1983〕45 号。

发展进入新阶段。文件指出，大力发展职业技术教育，高中毕业生中的一部分进入普通大学，一部分则进入职业学校①。在该文件中首次提到了"高等职业技术教育"一词，且提出要建立从初级到高级的职业技术教育体系，各地应积极开办高等职业学校，并建立相应的行业配套机制。在该项政策的指引下，我国职业教育结构进一步完善，有利于职业教育与普通教育之间的衔接。同时，该政策也进一步明确了两次分流制度，即高中毕业生既可以到普通大学，也可以选择接受高职教育，形成了职普贯通、中高职衔接的职业教育"立交桥"雏形。1986年，为了进一步提升技工学校管理水平，国家劳动人事部和国家教委出台了《技工学校工作条例》，明确了技工学校的办学条件、办学规律及典型特征，细致规划了技工学校学生参与生产和实习，以及教师教学等事项，为技工学校提升教育水平和质量提供了方向性指引②。

1989年，国家教委针对职业教育开始启动立法工作。进入90年代后，国家更加重视职业教育立法工作，先后出台了《国务院关于大力发展职业技术教育的决定》《中国教育改革和发展纲要》等法律制度。各项法律法规的出台为后续的职业教育法的起草积累了经验，有效推动了职业教育立法工作。从教育立法的角度，出台职业教育法，赋予职业教育应有的法律地位，对于保障职业教育发展十分重要且非常必要。从国家级层面立法开始，全国各地在职业教育立法、教育执法等实践中初步探索建立了适合中国国情的特色职业教育发展的政策体系。

三、政策主要特征及实际影响

（一）主要特征

1978—1989年，职业教育仍然由国家采取统一管理，并从宏观上对职业教育发展进行具体部署和规划，同时对各部门的职责也进行了

---

① 《中共中央关于教育体制改革的决定》，中发〔1985〕12号。
② 劳动人事部、国家教育委员会：《技工学校工作条例》，1986年11月11日。

明确，各级政府和各部门主要执行国家的相关政策①。通过对这一时期职业教育政策文件的梳理，可以看到当时国家出台的职业教育改革政策主要是针对当时的中等教育结构单一化特征，以及为了满足经济社会发展对技术人才培养需求来制定的。也正是由于这些政策的制定和落实，在当时有力地促进了职业教育事业的恢复和发展。在这一时期，中等职业学校管理得到优化。为实现大力发展职业教育的既定目标，增强不同年龄阶段学生之间的教育衔接，一些青少年学生自中学阶段开始分流，尤其是一些初中毕业生开始主动选择进入中等职业学校，这也说明中等教育结构问题在政府的重视下得到了改善。

中等职业学校、技工学校成为职业教育事业中重点关注的对象，国家也从政策层面给予了一系列倾斜。其一，中职学校、技工学校更加重视思想政治教育工作，按照邓小平同志提出的教育要面向现代化、面向世界、面向未来的总体要求，加大了对学生进行思想政治教育的力度，以此提升中级专门人才的综合能力和素质。其二，对招生制度进行了一系列改革，招生对象以应届初中毕业生为主，通过改革招生，生源得到了保障和优化，有利于学校管理和提升人才培养质量，同时也给予了中职学校一定的招生权限，中职学校可结合实际需要调整招生规模，招生方式也更为多样，尤其是对于一些偏远落后地区的学校，可因地制宜地增强招生政策的灵活性。

这一时期职业学校在专业设置和建设上更加注重突出专业特色，注重将职业教育与社会生产紧密联系。这些政策充分说明了职业学校教学改革的力度，同时也体现了教育政策的开放性和不拘一格选拔人才的特点。

（二）实际影响

经过这一时期各项职业教育政策的制定与推行，职业教育事业得到进一步发展，主要表现为招生人数和毕业生人数不断增加。尤其是自 1985 年《中共中央关于教育体制改革的决定》颁布以来，职业教育的发展速度不断加快。

---

① 周明星：《30 年中国特色职业教育的发展》，《职业技术教育》2008 年第 30 期。

1. 兴办高等职业学校与短期职业学校

1980年，南京金陵职业大学成立，这是新中国开办的第一所高等职业院校，随后广东、河南等地也纷纷成立职业大学。截至1985年，全国的职业大学数量达到120余所，且分布范围十分广泛。由于高等职业学校尚不能满足教育需求，因而从1986年开始，国家决定将一部分广播电视大学、高等专科学校划入高等职业教育范畴，这也使得高等职业教育规模进一步壮大。除了高等职业院校有了较大发展以外，中等职业学校的发展也开创了非常好的局面。1990年，中等职业技术学校在校生数比1980年增长208.8%。1993年，中等职业教育在校生数占整个高中阶段学生数的比例达到53%，基本形成了普通教育与职业教育双轨并行的格局。也正是在这一时期，职业高中迎来了大规模兴办的发展契机，在校生人数迅速增加。

为推进新中国高等教育管理体制改革，实施高等教育多元化办学模式，短期职业大学应运而生。作为高等教育管理体制、高校办学形式变革的一种尝试，短期职业大学的兴起和发展对高等教育多元化办学体制的形成产生了积极影响。短期职业大学的出现满足了一部分专业技术人员的岗位技术培训需求，但由于这一时期的职业教育存在"重学轻术"的倾向，没能够认清职业大学的基本属性，最终将高等职业学校发展成了普通高校。还有一部分职业大学采取"收费、走读、短学期、不包分配"的办学模式，最终演变成了夜校或函授大学，职业技术教育的功能被弱化。另外，由于政府在办学方面没有给予足够的重视和经费支持等原因，这些职业大学中的大多数学校最终把高等职业教育办成了压缩式的本科教育，一定程度上偏离了开办职业技术大学的政策初衷。

2. 五年一贯制高等职业教育得以发展

1981年，全国在校专科生人数仅占到本科生人数的17.1%，因此，急需大力发展专科层次的职业教育，平衡和解决人才结构比例失衡问题。在深入调研的基础上，为进一步完善职业教育体系，教育部职教司提出将中专和专科相衔接的办学思路，以避免专科学校盲目追求升格本科的思维惯性。同时借鉴新中国成立初期苏南工业专科学校实行的五年学制办学模式，提出兴办初中后五年制的技术专科学校实施方案，并在个别领域进行试点①。在全国范围内选取天水地震学校、上海电机制造学校、西安航空工业学校作为试点学校。根据试点政策，这三所学校试点实施"四五套办"的办学模式，此后五年一贯制的办学模式正式成为我国开展高职教育的一个有益探索，在全国范围内得到了推广实施，取得了较好的成效。这种新型办学模式进一步丰富了职业教育办学的形式，同时也为国家经济发展输送了大量技术人才，得到了行业、企业和社会各界的肯定。五年一贯制高等职业教育办学模式的成功，也为今后高职教育发展提供了有益思路。可以说，五年一贯制的高等职业教育既是新中国职业教育的一大创新，也为用人单位提供了大量可靠人才，五年一贯制高等职业学校与职业大学相比，具有其自身的办学特色，得到了社会的广泛认可。从整体看，在当时的职业教育政策引领之下，新中国的职业教育政策得到了恢复和发展，部分职业教育政策的落实缓解了历史上政治运动带来的冲击，在一定程度上对中等教育结构进行了优化，而这些职业教育政策，确实对当时国家经济发展起到了重要的推进作用。

多元化办学模式的创新为当时的经济建设提供了大量技术技能人才，同时也促进了职业教育办学模式的多元化发展，但也应看到职业政策在制定和落实过程中，由于时代的局限性还存在着诸多不完善的地方：第一，职业教育政策覆盖面不够广。由于处在特殊的历史时期，职业教育政策制定数量整体偏少，在贯彻执行层面，很多职业教育政策并没有得到具体的落实，因此很难满足职业教育与当时的经济社会发展要求。第二，职业教育政策内容不够细化。部分职业教育政策内容过于宏观，在具体落实过程中可操作性不足，职业教育相关部门在实施过程中也没有很好地结合实际情况进行细化落实。第三，师资配备问题未得到有效解决。数量充足、结构合理、素质过硬的师资队伍是职业教育发展的关键，这一时期的职业教育政策对于职业学校

---

① 王茹：《改革开放初期我国高等职业教育的起步与发展》，《教育理论与实践》2008年第11期。

专任师资配备问题并没有给出具体有效的解决方案，难以满足当时职业教育对于高水平师资的需求，也在一定程度上影响了职业教育的发展。

四、小结

改革开放以后，社会主义现代化建设事业日新月异，急需大量掌握专业知识和技术技能的专门人才，尤其是一些新设备和新工艺的应用，要求职业教育应为生产一线培养技术技能人员、管理人员和服务人员①。这一时期的职业教育政策也积极地朝着这一方面转向，系统地制定和出台了许多鼓励性政策。在政策的引导下催生了许多高等职业学校，进一步优化了职业教育结构，推动了改革开放后高等职业教育政策的"补偿性"发展。同时，职业学校的办学模式也更加多样化，短期职业大学、五年一贯制学校等新的职业教育办学模式得到了优先发展。在高等教育政策推动下，高等职业院校迎来了发展良机，并为经济社会发展输送了大量高素质技术技能型人才，同时也为高等职业教育发展做出了积极尝试，在管理体制、教学方法、办学形式等方面都积累了宝贵经验。但由于很多职业大学都是由地方主办，在办学规模、教学层次、办学条件、教育资源等方面还存在一些不足，距离承担起为经济建设输送大量高素质技术技能型人才使命还有很长一段路要走。

第二节　职业教育巩固提高发展阶段的政策 （1990—1998）

1990—1998 年为职业教育巩固提高阶段，在这一时期我国的职业教育体制逐渐完善，在政府的大力推动和职业教育政策的规范引导之

---

① 王茹：《改革开放初期我国高等职业教育的起步与发展》，《教育理论与实践》2008年第11期。

下，职业教育发展成果得到进一步巩固，办学水平和人才培养水平不断提高，各地掀起了职业教育发展热潮。

一、政策环境

（一）社会主义改革开放事业进入新发展阶段

随着改革开放事业进入第二个十年，国家越来越重视职业教育发展，职业教育得到了社会更多关注。1990年12月，党的十三届七中全会提出了行动纲领，推动我国的社会主义改革开放事业迈入新的发展阶段，中国特色社会主义现代化建设事业对于人才质量的要求进一步提高。现代化建设事业蓬勃发展，经济活动日趋活跃，需要更多的高素质劳动力，但与旺盛的人才需求相矛盾的是劳动市场的人才结构性短缺。企业需要新增大量的劳动力，但大量的务工人员没有接受过系统的职业教育及必要的技术技能培训，缺少必要的文化知识，也存在明显的技术短板，这种现象的存在更加需要大力推进职业教育的发展，高素质技术技能人才短缺严重影响了经济效益，同时也会影响社会主义现代化建设目标的实现。为实现社会主义现代化第二步的战略目标，1991年1月25日，经国务院批准，由国家教委、国家计委、劳动部、人事部和财政部共同举办的第二次全国职业教育工作会议在北京召开，明确提出大力发展职业技术教育，为社会主义现代化建设提供人才保障。

（二）培养国家经济建设所需的紧缺型人才

改革开放以来，国家职业教育政策多点开花，职业教育政策体系得到持续完善，并致力于增强职业教育政策的科学性和合理性，也为社会经济发展培养了许多优秀人才，更为新世纪职业教育政策的推行奠定了基础。但同时，职业教育政策是不断完善的，回顾这一时期的职业教育政策，也必然会存在一些不合理、不科学的地方，如政策的覆盖面不够广，政策内容不细致等。党和国家也清楚地认识到这些问题，并致力于在优化职业教育政策层面推动职业教育改革和创新。1999年6月，第三次全国教育工作会议在北京召开，会议精神表明国家高度重视职业教育政策的制定，并且致力于将职业教育发展与经济发展相联系，提出职业教育改革应坚持以服务经济社会发展需求为导向，尤其是要重点培养国家经济建设的紧缺型人才。

二、主要政策文件及内容

20 世纪 90 年代初期，随着经济体制改革不断深入，教育改革也相应跟进，国家开始对职业教育管理权进行调整。1991 年，《国务院关于大力发展职业技术教育的决定》正式施行，明确指出要加大职业教育和职业大学的改革力度，打造出一批具有影响力的高等职业学校①。该文件提出，到 20 世纪末要建立起具有中国特色的职业教育体系。

在新的历史背景下，有必要对新增劳动力进行系统的职业技术训练，特别是一些专业性和技术性较强的岗位，更应该对从业者进行更为严格的职业技术教育，这就需要大力建设高等职业院校。1991 年，邢台高等职业技术学校获得国家批准成为新中国高职教育第一所以"职业技术学校"冠名的试点高校。

1992 年年初，邓小平在南方考察过程中发表了一系列谈话，为我国的社会主义建设和改革开放事业指明了方向。同年 10 月，党的十四大提出建立社会主义市场经济体制的总目标，这标志着中国经济社会发展进入了新的历史阶段。要想实现科技进步、经济繁荣和社会发展，就必须加强人才培养，提高劳动者的综合能力和素质。我们要把教育摆在优先发展位置，进一步提升全体人民的科学文化素质和思想道德水平。因此要积极发展职业教育，加大职业教育体制机制改革力度，加强职业教育师资队伍培养，扩大职业学校办学自主权，实现职业教育与经济社会协同发展。

1993 年，国家出台的《中国教育改革和发展纲要》指出，地方要负起职业教育发展责任，同时也明确了校长负责制，校长应该在贯彻国家大政方针的基础之上，结合职业教育学校发展具体情况促进职业教育发展。此外，明确了中央与省、自治区、直辖市分级管理、分

---

① 《国务院关于大力发展职业技术教育的决定》，国发〔1991〕55 号。

级负责的教育管理体制，政府应该调整原有的管理策略，逐渐向政府指导监督过渡，赋予学校更多的自主办学权利。

1994年，《国务院关于〈中国教育和发展纲要〉的实施意见》正式出台，其中指出："要通过对现有的职业大学和部分高等专科学校及独立设置的成人高校实施办学模式改革，要通过调整培养目标来发展高等职业教育。仍不满足时，经批准利用少数具备条件的重点中等专业学校改制或举办高等职业班等方式作为补充来发展高等职业教育。"① 文件还要求拿出足够的资源支持高等教育发展，这为中国下一阶段高等教育发展创造了有利条件。同年，国家召开第二次全国教育工作会议，李鹏总理在报告中指出，虽然近几年人们对职业教育有了充分的认识，但还没有对职业教育发展给予足够的重视，要克服对传统职业教育的偏见，必须明确在今后很长一个时期之内将职业教育发展作为一项重要而紧迫的任务来完成。职业教育政策具有较强的目的性，培养应用型人才是这一时期职业教育政策的主流方向。由此可见，新中国职业教育改革理应与经济改革同步，职业教育市场化的目标也是为了更好地适应社会主义市场经济的需求。

1995年，社会主义市场经济改革持续深入，在经济体制、政治体制、科技体制等方面均做出了政策调整，为进一步释放和发展生产力，职业教育发展成为一项重点内容。同年，国家教委印发的《关于开展建设示范性职业大学工作的通知》明确指出，要加速推进职业大学建设进程，进一步提升职业大学办学质量②。上述文件也间接表明了当时国家非常重视职业教育发展，并在政策制定上给予职业教育发展质量的足够关注，通过推动职业教育发展，更好地适应当时的经济社会发展需求。同时将市场机制引入职业教育之中，为职业教育发展创造了更为宽松的条件，同时让职业教育拥有了更多的参与主体，推动了职业教育多元化发展③。

---

① 《国务院关于〈中国教育改革和发展纲要〉的实施意见》，国发〔1994〕39号。
② 《关于开展建设示范性职业大学工作的通知》，教职〔1995〕15号。
③ 《关于开展建设示范性职业大学工作的通知》，教职〔1995〕15号。

　　1996 年 6 月 17 日至 20 日，根据中共中央关于大力发展职业教育的方针，国务院在北京召开第三次全国职业教育工作会议，研究制定实施《中华人民共和国职业教育法》和《中国教育改革与发展纲要》的政策措施成为本次会议的主要任务。此后，《中华人民共和国职业教育法》在向全国各地、各部门征求意见后，于 1996 年正式颁布施行，从此职业教育发展正式步入法治化的轨道。1998 年《中华人民共和国高等教育法》颁布，进一步对职业教育和高等教育的法律关系进行了界定。例如，《中华人民共和国职业教育法》第十三条明确规定，"高等职业教育根据需要和条件由高等职业学校实施，或由普通高等学校实施。"《中华人民共和国高等教育法》第六十八条规定："高等学校是指大学、独立设置的学院和高等专科学校，其中包括高等职业学校和成人高校。"两部法令的出台提升了高等职业学校的法律地位，这也是新中国职业教育政策变迁中的"关键节点"。这一时期，国家已经初步建立了具有中国特色的学历教育体系，立法有助于进一步规范职业教育的职责，明确职业教育体系建设的目标、办学条件及扶持措施，更重要的是明确了职业教育的法律地位。至此，我国形成了包含不同层次的职业技术教育体系。虽然这部法律属于"宣言"性质，但对过去 10 多年职业教育发展经验进行了系统总结，并提出了职业教育的根本任务及发展职业教育的具体方法，规定了地方政府在职业教育中的具体责任。其一，地方政府必须将职业教育纳入本地区的国民经济社会发展规划之中，重视职业教育发展，并给予职业教育工作更大的支持力度。其二，支持骨干和示范职业学校建设，对政府、社会、企业、学校及个人的权利义务进行了明确，并对职业学校设置标准和准入条件进行了系统规定。其三，政府需要不断加大对社会层面的职业学校和职业培训机构的协调和宏观管理力度。

　　1998 年，党的十五大提出《面向 21 世纪教育振兴行动计划》，要求重视高等职业教育发展，将高等职业教育作为提升国民科技文化素质的重要手段，更好地满足当前国家经济发展的迫切需要①。同年，

---

　　①　《国务院批转教育部面向 21 世纪教育振兴行动计划的通知》，国发〔1999〕4 号。

国家教委出台的《关于印发〈关于加快中西部地区职业教育改革与发展的意见〉的通知》指出，职业教育发展模式要有所创新，实现职业教育的多元化管理，中西部地区职业教育发展要体现多层次性，符合本地区职业技术教育的发展水平①。

三、政策主要特征及实际影响

（一）主要特征

分析上述政策文件可以看出，这一阶段的职业教育发展主要体现在两方面，一方面，注重职业教育规模的扩大；另一方面，明确将职业教育质量提升作为重点工作来抓，注重职业教育规范化发展，并引入市场机制，进一步增强了职业教育的发展活力，推动了职业教育现代化建设进程。

1. 管理权力逐渐向地方转移

任何教育政策的出台都是不同利益群体之间相互作用的产物。换言之，不同利益群体之间的互动推动了教育政策的形成，职业教育管理权的变化是职业教育政策在形成过程的集中表现。通过考察利益相关者的政策制定和落实过程中的相互关系，可以为研究职业教育政策提供新的思路，更好地把握职业教育的演变规律。这一阶段，职业教育责任及管理权开始从中央逐渐向地方转移，然后再演变到部分管理权限逐渐回收中央的演化过程。1992 年以后，职业教育改革随着经济体制改革一同推进。1993 年出台的《中国教育改革和发展纲要》指出，地方政府要重视职业教育发展，并主动承担起职业教育发展责任，同时还提出了校长负责制。校长作为职业教育发展的重要参与主体，不仅要将推动职业教育发展作为自身职责，还要积极落实和贯彻国家的职业教育的大政方针。《中国教育改革和发展纲要》进一步明确了中央与地方在职业教育发展的各自职责分工，地方政府也对职业教育管理方式进行了调整和优化，政府在职业教育发展过程中更多扮

---

① 《关于印发〈关于加快中西部地区职业教育改革与发展的意见〉的通知》，教职〔1998〕3 号。

演的是指导和监督角色，学校自主办学管理成为职业教育发展的主流①。

2. 强调职业教育质与量并重

1993 年，国家出台了《中国教育改革和发展纲要》。这是改革开放之后国家首次对未来教育发展的宏观规划，文件中明确指出了职业教育发展的定位，"职业教育要为经济建设提供优质的劳动者，职业学校要与社会加强联系。在现阶段，职业技术教育和成人教育主要依靠行业、企业、事业单位办学和社会各方面联合办学"②。从文件中可以看到，职业教育办学主体已经发生了变化，由原来的政府和企业主办、社会力量辅办的格局逐渐演变成为依靠社会力量推动职业教育发展的格局③。这一文件也正式标志着新中国普通教育和职业教育开始从办学体制上进行分割，职业教育主要依靠社会力量举办，而普通学校则仍以国家为主。由于职业教育与经济社会发展密切相关，这使得职业学校首先要经受住市场的考验，职业学校在专业设置、招生就业等方面，要围绕市场需求，减少政府对职业教育的干扰，职业学校具有更多的自主权，在市场的作用下，职业教育朝向多元化方向发展，这也为职业教育质量的提升奠定了基础。

（二）实际影响

1. 高等职业教育体制的正式确立

1991 年 1 月，经国家教委和中国人民解放军总后勤部联合批准，以军需工业学校为依托，建立邢台高等职业技术学校，这是全国第一所承担高职教育试点任务的军地联办、军民共建高校。该校的招生选拔对象以初中毕业生为主，为其提供五年制高职教育。1994—1996 年，国家先后批准设立了 18 所重点中专学校，并将这 18 所重点中专学校作为五年一贯制试点学校。1995 年，国家教育部门又在成人高等学校中选拔了一批资质条件较好的学校发展高等职业教育。截至 1995

① 《中国教育改革和发展纲要》，中发〔1993〕3 号。
② 《中国教育改革和发展纲要》，中发〔1993〕3 号。
③ 刘心俐：《用"工匠精神"创新职业教育人才培养模式》，《未来与发展》2020 年第 9 期。

年，已有563所试点院校开始尝试进行高等职业教育体系建设。这种新的职业教育培养模式与高等教育区分开来，打破了传统的成人自考、自学高考的界限，有助于教育体制的创新，同时有力促进了中等职业教育和高等职业教育之间的衔接，有助于增强教学内容的系统性和全面性，提高学生专业知识技能学习的效果[①]。初中生较早进入职业学校，可塑性较强，因而学校能够采取更多样的教学模式，实施分层教育，做好职业学校学生的职业生涯规划。这一办学特色得到了社会的认可，同时也是很多地方高职学校办学的模式之一，不仅节省了学生的学习时间，也凸显了职业教育特性，为经济社会发展输送了大量应用型人才。

2. 高等职业教育立法取得阶段性成就

高等职业教育作为高等教育的重要类型和组成部分，在国家的重视之下也得到了进一步发展，这一时期国家在教育政策制定上不仅推动了高等职业教育的整体发展，也对高等职业教育的质量提出了更高要求，并明确提出要通过高等职业教育的发展，为社会主义建设提供更多的高素质技术技能人才。随着中国经济改革的不断深入，社会各界对职业教育政策也提出了更高要求并抱有更大的期待。面对职业教育界和社会上对于高等职业教育姓"高"还是姓"职"的争论，1990年以后，我国在高等职业教育立法上取得了阶段性成就，《职业教育法》进一步肯定了高等职业教育的职业性，《高等教育法》则肯定了高等职业教育的高等性，并从法律层面将高职教育作为独立的教育类型予以确认，成为地方制定相应的法律政策的法律依据。虽然这一阶段还属于高等职业教育立法探索阶段，在体系建设、管理机制、性质地位、运行机制和经费来源等方面还不够详尽，但从整体上为中国高等职业教育发展提供了法律保障，之后随着教育改革的不断深入，又对相应立法进行了完善。1996年，《中华人民共和国职业教育法》的出台进一步明确了职业教育在全国教育体系中的地位和作用，构建了新中国职业教育法制体系的基本框架，同时也标志着新中国职

---

① 俞启定、和震：《中国职业教育发展史》，高等教育出版社，2012。

业教育进入法制化快车道。

3. 职业教育评估制度改革得以推进

1991年，《国务院关于大力发展职业技术教育的决定》提出，加大职业技术教育改革力度，构建更为完善的职业技术教育评估体系，对各类职业技术学校的设置标准和评估标准进行了明确，随后职业高级中学和中等技术学校结合文件精神，推出了各自评估方案和相应的评估标准①。评估制度主要分为宏观政策决定评估制度和微观政策落实具体评估工作两大类。

随着中国市场经济体制的不断完善，在这一背景下，中等职业学校评估进入了全面调整阶段，评估对中等职业学校布局结构产生了深刻影响，原来国家确定的909所省部级重点中专校和296所国家级重点职业高级中学，通过评估整合、优化调整，有些学校已经与其他学校合并，有些学校已经升格成为高等职业技术院校，有些学校已经转型为职业技术培训机构。

四、小结

这一阶段的职业教育急需从制度层面进行新的宏观设计，20世纪90年代初期，我国职业教育在学校数量规模、办学层次和人才培养质量等方面均不能满足经济建设和社会发展的需要。为破解职业教育发展过程中的一系列瓶颈和难题，第二次全国职业教育工作会议重新定位职业教育，并提出鼓励和引导社会力量参与职业学校办学的发展思路。党的第十四次全国代表人会报告强调要"改变国家包小教育的做法"，这一时期的职业教育政策制定方面重点体现出了政府大力鼓励社会力量参与职业教育办学的鲜明价值导向。为此，这一阶段的教育政策都强调各级政府部门要充分调动社会力量参与举办职业院校的积极性和主动性，鼓励不同所有制成分的职业学校开展多元化、多层次办学，力求开拓职业技术教育新局面。

这一时期的职业教育在法制化建设方面取得了显著进展，1996年

---

① 《国务院关于大力推进职业教育改革与发展的决定》，国发〔2002〕16号。

《中华人民共和国职业教育法》确立了高等职业学校的法律地位。为了大力推进高等职业院校布局，形成规模效应，1994年举办的全国教育工作会议确定了发展高等职业教育"三改一补"的基本方针，并调整了高等职业院校的专业设置和人才培养目标。1998年，国家进一步下放了高职院校审批权限，并要求各省（市）、自治区建立普通高校和职业技术学校之间的"立交桥"，允许职业学校毕业生通过考试获得高一级的学历教育。除了办学模式越来越多元化，各省（市）、自治区相继出台各项实施细则，掀起了"高等职业教育办学热"。在政策法规的支持和保障下，一批高职教育新生力量涌现出来。总体来看，这一时期职业教育政策变迁的显著特征是职业教育在国家立法中得到重视和肯定，法律地位进一步明确并得到提升，尤其是从法律层面明确了社会力量参与职业教育办学合规化、合理化和合法化，有助于推进职业教育的健康发展。

第三节　职业教育深化改革发展阶段的政策
（1999—2009）

加入WTO之后，我国经济与世界经济联系更为紧密，同时中国经济结构受到了深刻影响。中国在深化改革开放的同时，也加快了经济增长方式的调整步伐，加速推进新型工业化。随着国内外环境的深刻变化，国家对职业教育发展也提出更高要求。职业教育要积极服务国家战略、立足地方、立足行业，积极承担起为国家的经济建设培养一大批生产一线的实用型和技术技能型人才的使命。1999年，国家对高等教育提出了新的改革思路，有利于高等职业教育发展的政策迅速出台，此后高职院校成为高等教育扩招的生力军，随后中国也正式踏上了高等职业教育大众化的发展道路。

一、政策环境

（一）职业教育体制机制亟须转型

进入21世纪，中国经济高速发展，中国职业教育迎来了众多机遇和挑战，随着经济体制由原来的计划经济逐渐向市场经济转型，职业教育的体制机制也亟须转型。首先，经济发展对人才提出更高要求，特别是随着中国产业结构的不断调整，企业对高质量的技术技能型人才需求量越来越大，需要对职业教育政策进行优化。在政府的推动下，职业类院校在规模和数量上出现了快速增长、迅速上升和逐渐恢复的发展特征。其次，由于很多职业学校都是在政策推动下建立的，因此，在市场经济激烈竞争中职业学校的发展也面临着挑战，随着生源的断崖式下降，部分管理不善、专业特色不鲜明的职业学校退出了历史舞台，虽然部分职业教育学校提升了办学层次，但严峻的办学形势也倒逼大部分职业学校走上了提档升级的转型发展之路。最后，随着中国加入世贸组织，中国经济结构调整势在必行，这也要求职业教育在人才培养上，既要注重技术技能人才的基本素质，又要注重人才的实践操作能力和技术技能的养成。职业院校要走自主发展、特色发展之路，关键就是要更加注重教学质量和人才培养质量的提升。这一时期国家职业教育政策不断完善，充分发挥了保驾护航作用，职业教育体制机制改革卓有成效，职业教育人才培养质量显著提升，实现了职业教育的可持续发展。

（二）就业难问题对职业教育生源产生抑制效应

随着中国特色社会主义市场经济体制的逐渐完善，国有企业在改革过程中逐渐与行业企业举办的职业院校进行了剥离，在国家的政策调整过程中很多国有企业按照政策要求将与自身密切相关的职业学校拨转给了地方教育部门，导致原来由行业企业举办的职业院校在自主发展过程中面临着教师福利待遇改变和办学经费投入减少等诸多问题。同时行业企业与职业学校的纽带关系解除后，客观上弱化了校企合作，影响了产教融合发展。职业教育原有的人才培养和就业模式逐渐被打破，职业教育发展格局出现了新的变动。

　　1999年，国家为了应对亚洲金融危机及国内经济改革面临的诸多困难，同时为了进一步扩大内需，将教育、医疗、卫生改革作为扩大内需的重要举措。加之当时大规模国企改革出现了大量下岗职工，这种突发性的失业高峰进一步加剧了新增劳动力的就业难度，直接导致初中毕业生面对升学时要做出理性和慎重的选择，这就在很大程度上抑制了职业教育生源。随着外部经济条件的改变，原来职业学校在专业设置和课程体系建设上没有充分考虑行业企业的实际需求，这种与实际生产需求脱节的职业教育人才培养模式很难适应外部环境的变化，更加凸显课程体系和专业设置与市场联系不紧密的弊端，学生毕业之后也很难适应外部的人才市场变化需求，实践操作能力更是缺乏。与此同时，国家通过高校扩招、研究生扩招等多种方式，进一步放缓新增劳动力进入就业市场的节奏，尽量为下岗职工创造更多的就业机会。大学扩招充分发挥了劳动力的"蓄水池"功能，同时也进一步提升了劳动力的整体素质，为国家经济持续增长提供了人才储备。可见当时国家提出的高校扩招政策与当时的经济发展状况紧密相关。

　　随着中国高等教育扩招政策的有效落实，各地也出台了相应的配套措施，新的高校不断出现，使中国高等教育人数规模不断扩大，高等教育毛入学率从1990年的3.4%提升到2002年的15%[1]，但在高等教育大众化进程中也出现了一系列问题。例如，高额的学费增加了困难学生的家庭负担，学生在入学阶段出现的教育不公平问题，高校的教学方式和教学内容滞后，师资队伍水平不高，教学质量下降等问题，这也在一定程度上影响了人才培养质量，进一步加大了毕业生的就业难度。但从总体上看，高等教育改革和高等教育扩招基本满足了当时经济社会发展对于高级人才的迫切需求，国家也对高等教育加大了投资力度，先后通过发行国债形式投入教育领域120多亿元，带动了地方和部门投入教育领域150多亿元，整个高等教育领域接收各类投入超过200多亿元，客观上带动了高等教育的发展，同时也进一步

---

　　① 改革开放30年中国教育改革与发展课题组：《教育大国的崛起（1978—2008）》，教育科学出版社，2008，第193页。

扩大了内需，有效地化解了因东南亚经济危机带来的外部冲击。

随着改革不断深入，高等教育也由原来的精英化教育逐渐向大众化教育过渡。正是在高校扩招政策的影响下，越来越多的初中学生希望通过高中教育渠道接受更高层次的教育，这在很大程度上影响了职业教育的招生，出现了高中爆满、中职冷落的局面。

二、主要政策文件及内容

1999 年，中共中央、国务院颁布的《关于深化教育改革全面推进素质教育的决定》提出，要给予职业技术学院足够的支持，本科高等学校可以成为职业技术学院办学主体，也可以与企业共同办学，进一步扩大了职业技术学院办学主体，形成了不同类型教育相互衔接的教育格局。尤其是明确了就业准入制度的基本要求，为职业教育新培训就业机制的探索提供了指引[①]。为鼓励和吸引青年学生选择进入职业学校，同时也为职业学校的毕业生提供稳定的就业保障，实施职业资格证书制度成为职业教育发展的必然趋势。职业资格证书制度对于国家人力资源开发和毕业生个人就业及职业生涯发展都具有重要意义。职业资格证书是职业学校毕业生职业能力的证明，能够为毕业生争取更多更好的就业机会，解决中职学校毕业生面临"毕业即失业"就业难的困境。

1999 年，国家颁布的其他一系列文件中肯定了高等职业教育在人才培养方面的价值和作用，指出要大力推动职业教育发展，重申多渠道发展职业教育的重要性，要求各级地方政府对本地区的教育资源进行有效整合，支持专科以上高等学校参与高等职业教育发展，支持有实力的企业承担起社会责任，参与高等职业学校建设。同时也首次提出，以"多种形式积极发展高等教育"[②]，要用 10 年的时间提升中国高等教育入学率，争取达到 15%。此外，还提出了一系列有利于高等职业教育发展的重要决策。例如，对人才培养机制进行完善，高等职

---

① 《关于深化教育改革全面推进素质教育的决定》，中发〔1999〕9 号。
② 《关于深化教育改革全面推进素质教育的决定》，中发〔1999〕9 号。

业教育管理权向省级政府下移；支持高职院校增加招生名额，提升学生就业率；支持高职院校采取更为灵活的自主办学模式。这些政策的出台为中国职业教育发展创造了有利条件。

迈入 21 世纪以来，计划经济逐渐退出了历史舞台，教育领域废除了统招统配的毕业分配制度。为了应对中等职业教育发展面临的严峻局面，2001 年之后，我国出台的职业教育政策开始进一步明确鼓励中等职业学校走自主招生之路。为此，教育部还专门出台了《关于做好 2001 年中等职业学校招生工作的通知》，要求单列的中职学校按初中毕业升学统筹考试成绩对学生进行录取，部分中职院校可参照相关政策对初中学生免试录取，省级以上重点学校可提前招生，各地也可以尝试中等职业学校自主招生，也可一年多次招生，省级以上重点学校可实施跨省招生，并积极鼓励东部重点中职学校向西部招生①。这些政策的出台为中等职业学校招生创造了有利条件。

2002 年 7 月 28—30 日，国务院在北京召开第四次全国职业教育工作会议，总结职业教育的成就和经验，分析职业教育的形势，进一步确立职业教育的战略地位，明确"十五"期间职业教育改革发展的指导思想、目标和思路，研究制定推动职业教育改革发展的政策措施，努力开创职业教育工作的新局面。同年，国务院出台了《关于大力推进职业教育改革与发展的决定》，明确提出要在"十五"期间加大对现代职业教育的改革力度，构建与市场需求和劳动力就业紧密结合的现代职业教育体系，进一步提升其灵活性和自主性。要求职业教育加大国际交流力度，引进更为先进的职业教育理念和教育资源，提升我国职业教育发展层次②。

2003 年，教育部、财政部、劳动保障部发布《关于开展东部对西部、城市对农村中等职业学校联合招生合作办学工作的意见》，指出东部地区的示范性中职学校可向西部农村地区单独招生，按照订单

---

① 《关于做好 2001 年中等职业学校招生工作的通知》，教职成〔2001〕6 号。
② 《关于大力推进职业教育改革与发展的决定》，国发〔2002〕16 号。

培养模式进行人才培养①。同年，《中华人民共和国中外合作办学条例》提出，要积极鼓励我国职业教育学校与国外进行联合办学，同时对中外合办学机构的设立标准、教育教学、组织管理变更与终止相关法律责任进行了明确规定②。该文件的出台为职业教育领域中外合作办学提供了法律依据，同时也进一步推动了中国职业教育国际化进程，为职教领域开展合作办学创造了有利条件。

为学习贯彻中共中央、国务院有关加强职业教育的重要指示精神，经国务院批准，由教育部、国家发改委、财政部、人事部、劳动保障部、农业部和国务院扶贫办联合举办的第五次全国职业教育工作会议于 2004 年 6 月 17 日在江苏省南京市隆重召开，进一步总结交流了各地区、各有关部门发展职业教育的经验、做法和思路，分析新形势和新任务，进一步明确今后工作方针、政策和措施③。同年，教育部出台了《关于以就业为导向深化高等职业教育改革的若干意见》指出，高等职业教育发展要紧贴经济社会发展需求，以就业作为导向，以服务为宗旨，走一条更适合中国国情的高等职业教育发展道路，扭转当前高职院校在发展过程中过多强调学科性的倾向④。同年，《教育部等七部门关于进一步加强职业教育工作的若干意见》出台，国家加大了对高职院校的管控力度，明确了高职院校高水平建设、实现高质量发展的路径。同年，还出台了《教育部关于贯彻落实全国职业教育工作会议精神进一步扩大中等职业学校招生规模的意见》，文件要求各地加大中等职业学校招生规模，可以采取提前招生、注册入学、自主招生、多次录取、集中录取、推荐入学、春秋两季招生等多种办法，根据实际情况扩大招生规模。

此外，《2003—2007 年教育振兴行动计划》指出，职业教育发展

---

①　《关于开展东部对西部、城市对农村中等职业学校联合招生合作办学工作的意见》，教职成〔2003〕6 号。

②　《中华人民共和国中外合作办学条例》，国务院令第 372 号。

③　教育部职业教育与成人教育司：《2004年全国职业教育工作会议文件汇编》，高等教育出版社，2006，第 5 页。

④　《关于以就业为导向深化高等职业教育改革的若干意见》，教高〔2004〕1 号。

要以就业为导向，进一步明确职业教育发展重点，推动职业教育模式创新，为经济社会发展培养大量高素质的技能型人才①。

在全面建设小康社会、加快推进现代化建设的关键阶段，我国经济社会发展面临许多重大而艰巨的任务。国务院于2005年11月7日召开第六次全国职业教育工作会议，温家宝总理做了题为"大力发展中国特色的职业教育"的重要讲话，强调要深刻认识大力发展职业教育的重要性和紧迫性，首次提出加强职业教育基础能力建设，并提出"四项工程"等具体措施，起到了进一步统一思想、明确任务、狠抓落实、推动中国特色职业教育发展的作用②。

2005年11月，《国务院关于大力发展职业教育的决定》提出，要对现有的职业教育资源进行有效整合，大力推进职业教育改革，创新职业教育发展机制，实施职业教育示范院校建设计划，给予建设水平高的100所示范高等职业院校更多的政策倾斜，促进示范高等职业院校改革，更好地发挥高等职业院校的示范带动作用，进一步提升高等职业院校人才培养水平。在推进职业教育发展进程中应该借鉴国外先进经验，在引进优质教育资源的同时，还应加强中外合作办学，扩大我国职业教育领域开放程度，加速推进职业教育课程教学改革。此后，国家又先后出台《教育部关于加快发展中等职业教育的意见》《教育部、财政部关于实施国家示范性高等职业院校建设计划加快高等职业教育改革与发展的意见》等政策文件，这些政策文件对职业教育国际交流合作提出了具体要求。

2005年，温家宝总理在讲话中提出，推动职业院校发展既符合当前国家建设实际，又符合国家长远规划。随着中国就业和经济发展出现新的变化，社会和企业对高职院校人才培养提出了更高要求，职业院校应从经济发展和产业结构调整角度，考虑培养更多的高级技工人才。2006年，《教育部关于全面提高高等职业教育教学质量的若干意

---

① 《国务院批转教育部2003—2007年教育振兴行动计划的通知》，国发〔2004〕5号。

② 温家宝：《大力发展中国特色的职业教育——在全国职业教育工作会议上的讲话》，http://www.gov.cn/gongbao/content/2006/content_149641.htm.

见》中明确提出，要进一步提升高职院校教学质量，完善高职高专院校人才培养评估机制，构建更为完善的人才培养评估体系①。从财政资助角度看，要增加对职业教育的公共财政投入，关注职业教育的个体发展需求，帮助困难家庭解决子女的入学问题。为此，财政部联合教育部在同年出台《关于完善中等职业教育贫困家庭学生资助体系的若干意见》，提出要建立和完善中等职业教育贫困家庭学生助学金制度。这些政策文件的制定和落实，进一步推动了职业教育发展，同时也使职业教育变得更加公平公正。同时这一时期国家还推动了职业资格证书制度改革，完善了职业资格证书制度②。

2007 年，《国家教育事业发展"十一五"规划纲要》明确提出，要在 2010 年之前实现毛入学率达到 80%以上，完成 2 100 万的中等职业学校招生任务，使中等职业学校与普通高中具有同样的招生规模。在此之后，政府出台的很多政策都支持中等职业教育发展，并将中等职业教育放在了重要位置。

2008 年，国家出台的《教育部关于印发〈高等职业院校人才培养工作评估方案〉的通知》明确指出，当前国家加大了对高职教育的改革力度，随着各项政策的不断出台，我国高职教育整体呈现上升趋势，成为我国高等教育大众化的重要力量，从根本上扭转了高职教育办学规模不足的现实问题，也为国家经济社会发展输送了大量技能型人才③。

三、政策主要特征及实际影响

（一）主要特征

1. 强调职业教育政策的公平性

进入 21 世纪后，国家非常关注职业教育发展，出台了一系列关

---

① 《教育部关于全面提高高等职业教育教学质量的若干意见》，教高〔2006〕16 号。

② 《国务院批转教育部国家教育事业发展"十一五"规划纲要的通知》，国发〔2007〕14 号。

③ 《教育部关于印发〈高等职业院校人才培养工作评估方案〉的通知》，教高〔2008〕5 号。

于高职高专教育的政策文件，对高职教育进行了规范和引导，在国家政策支持下，高等职业教育不断向前发展，高职教育规模也在不断扩大。职业教育政策更加关注公平，并将其作为政策制定的价值取向。如2005年出台的《国务院关于大力发展职业教育的决定》指出，职业教育要坚持育人为本原则，注重职业道德教育；2006年出台的《财政部、教育部关于完善中等职业教育贫困家庭学生资助体系的若干意见》指出，要构建功能完善、覆盖面广、机制健全、形式多样的中等职业学校学生资助体系，争取让贫困家庭的学生都能够顺利地完成学业，充分体现出中等职业教育的教育公平性①。

2. 增强市场主体在职业教育领域的作用

进入21世纪，高职教育作为一种新的高等教育类型得以确立。在此阶段，高职教育的主要内容是扩大办学规模和提高教学质量。职业教育领域开始引入市场机制，办学主体日趋多元化。1999年，《中共中央 国务院关于深化教育改革全面推进素质教育的决定》明确指出，要鼓励支持高等学校举办或与企业合办各类职业学校，形成不同类型又相互衔接的教育体制，实现高等职业教育与市场经济相适应②。可见这一阶段将市场机制引入职业教育之中是对原有的职业教育体系的一种新突破，让社会各界都能够参与职业教育建设，从而为职业教育发展注入了新的活力。

（二）实际影响

1. 职业教育质量稳步提升

2002年，全国职业教育工作会议明确指出要加速推进高等职业教育发展，明确了"十五"期间职业教育改革的主要方向。2005年，全国职业教育会议明确指出要将职业教育作为推动经济社会发展的重要基础，同时明确了"十一五"期间职业教育的发展任务目标和政策措施，这些政策的制定和意见的提出有力地推动了这一时期的高等职

---

① 《财政部、教育部关于完善中等职业教育贫困家庭学生资助体系的若干意见》，财教〔2006〕74号。

② 《中共中央 国务院关于深化教育改革全面推进素质教育的决定》，中发〔1999〕9号。

业教育发展。2000 年，教育部门推进了高等职业学校专业教学改革试点工作，截至 2002 年 9 月，全国共评选出 27 个省（直辖市、自治区）的 415 所国家级改革试点学校，高等职业学校专业建设改革试点工作取得了阶段性成就。2000—2003 年，教育部先后批准了 35 所示范性软件职业学校、31 所重点建设示范性职业技术学校和 33 所重点高等职业学校，这些学校在国家政策支持下办学条件得到了很大改善，教学改革取得了阶段性成效，教学质量得到了有效提升。

2003 年，中国职业教育进入了深度调整期，国家分两批对国家重点中等职业学校进行了重新认定，并在 2005 年公布了 1 504 所国家级重点中等职业学校，本次调整评估几乎涵盖了所有除技工学校以外的中等职业学校。本次评估首次将国家级重点职业高级中学和国家级重点专业学校评估条件进行了调整，这标志着中国的职业高级中学和专业学校开始从分类评估走向统一评估，有利于中国职业教育更好地向前发展。除了参加高等职业学校人才培养水平的评估工作之外，高职院校还参加了全国高等教育精品课程评选工作。截至 2008 年，高等职业学校提供了 605 门国家级精品课程，有力推进了课程改革，从而进一步提升了高等职业学校的课程建设质量。

2. 高等职业教育发展目标更清晰

进入 21 世纪以来，国家给予了高等职业教育发展更多的政策支持，进一步明确了高等职业教育的发展思路和发展方向，提出了切实可行的高等职业教育改革目标。一系列改革措施的落实，进一步提升了高职院校的基础设施建设水平和教学质量。而高等职业教育办学思路的提出既是对之前高等职业教育发展经验的总结，也结合了当时经济社会的发展需要。2003 年教育部又对高等职业教育办学方针进行了调整，将服务作为高等职业教育的根本宗旨，将就业作为高等职业教育的办学导向。一方面，虽然政府仍然参与高等职业教育管理，但管理方式已经由原来直接管理转变成为宏观指导；另一方面，高等职业教育已经由原来计划人才培养模式逐渐转变成为市场驱动人才培养模式。

此外，传统高等职业教育由原来的升学导向逐渐转变成为就业导向，高等职业教育只有与生产技术和社会服务相结合，才能凸显高等职业教育的职业性，在这一方针指引下，高等职业教育更加面向市场、面向社会，进一步提升了高等职业教育发展质量。2006年，教育部明确提出，高等职业教育政策既要注重办学规模的扩大，也要注重教学质量的提升。"十一五"期间，国家和各级地方政府都非常注重高等职业院校发展，同时高等职业院校也主动调整了服务意识，将服务区域经济社会发展作为高等职业院校的办学特色。

3. 职业学校办学硬件设施得到改善

职业教育政策的有效落实，为职业学校提供了更多资源，改善了职业学校的硬件设施。2006年国家评出的近百所示范性高等职业院校都得到了专项经费的支持，这些示范高等职业院校不仅扩大了校园规模，也提升了硬件设施。这一时期，国家大力支持职业教育发展，制定了一系列切实可行的职业教育政策，打造和凝练职业教育的办学特色，积极发挥了职业教育在缓解就业压力、改善民生方面的作用，进一步明确了职业教育的重要性，以政策划拨方式确保了职业教育建设的必要投入，给予职业学校硬件设施建设以足够的支持。

四、小结

通过对1999年到2009年职业教育政策总结和分析可以看出，在职业教育政策的推动下，我国职业教育发展处于快速高位的发展态势①。这一时期，国家提高了生均拨款比例，加大了对职业教育的经费支持力度，职业院校的办学规模不断扩大，基础设施得到了完善，生源数量有所增加。特别是国家通过对城乡职业教育资源的统筹安排，进一步提升了职业教育的办学质量，实现了职业教育院校数量与质量的双提升，为国家的经济社会发展输送了大量技术技能型人才。在国家政策支持下，这一阶段的职业教育得到了长足的发展，不仅高职院校数量

---

① 《中国高等职业教育改革与发展报告》年度文件资料汇编编写组：《中国高等职业教育改革与发展报告——2006年度高等职业教育文件资料汇编》，高等教育出版社，2007，第52页。

快速增长，而且在校生规模不断扩大，基础设施建设趋于完善。

从质量层面看，国家对高职院校教学质量提出明确要求，各个高职院校也将教学质量和毕业生就业质量作为重要工作来抓，但在成绩的背后，高职院校在质量方面还存在一些亟待解决的问题。为此，政府需要对高职院校发展评价政策进行调整，重点突出高职院校特色，提升高职院校教育质量。2006 年，国家启动实施了"国家示范性高等职业院校建设计划"，给予 100 所示范性高职院校和 100 所骨干高职院校财政资金支持，通过项目建设，提升高职院校的办学特点，明确高职院校办学模式，强化校企合作，积极探索特色教育发展模式，在实践中形成了工学结合、顶岗实习等人才培养模式，进一步提升了人才培养质量。

从社会地位看，社会公众并没有将高职教育与普通本科教育放在同等的位置，而是将高职教育看作是调节普通高等教育生源盈亏的缓冲系统。虽然高职院校在发展过程中有相关法律作为支撑，但在具体落实过程中很多法律规定都大打折扣，加之缺少相应的配套措施，在很大程度上影响了高职教育的改革进程。

第四节 职业教育内涵提升发展阶段的政策（2010—2016）

一、政策环境

这一时期的职业教育已经经历了多年的发展，制度变迁为职业教育带来了新的发展机遇，同时也对职业教育创新提出了新的挑战。新时代背景下，我国职业教育同样是机遇与挑战并存，职业教育结构发展不平衡、职业教育事业发展不充分，在一定程度上已经成为我国职业教育发展的短板，且发展不充分必然导致不平衡[①]。针对这一现状，

---

① 赵伟：《新时代职业教育主要矛盾析》，《中国职业技术教育》2017 年第 34 期。

在新时代党的方针政策的指引下，国家深化对职业教育的指导，推进职业教育改革，有利于职业教育更好地为人民、为社会贡献积极力量。由此可以看出，高等职业教育对吸纳高中、初中毕业生具有重要作用，中高职的衔接有助于培养出更多优质的专业化技术技能型人才。概言之，一方面，国家出台一系列政策为高等职业教育发展创造了有利条件；另一方面，从需求侧来看，高等职业教育发展仍有许多上升的空间①。

首先，职业教育政策的制定更加强调"创新"。在新时代背景下，高等职业教育高速发展。2010 年以后，随着经济全球化的加快推进，中国与世界经济联系得更为紧密，在人才培养上不再满足于规模，而是对国际性复合型人才提出了更高要求，这种国际性复合人才既要具有国际视野，也要了解中国经济的发展特色。因此，这一时期我国职业教育政策的制定更加强调创新和发展，并进一步完善了人才培养模式。其次，职业教育政策进入转型发展阶段。党的十八大以来，中国社会发生了深刻变化，职业教育政策也进入了转型期。习近平总书记关于职业教育的系列讲话对职业教育与经济发展的关系进行了深刻揭示，同时也为职业教育政策转型提供了依据。

职业教育政策在制定过程中既要从时代发展角度出发，也要结合经济社会发展实际需求。2014 年 6 月 23 日至 24 日全国职业教育工作会议在京召开，会上，习近平总书记强调了建设中国特色职业教育体系的重要性，明确职业教育的发展任务，并要求"各级党委和政府要把加快发展现代职业教育摆在更加突出的位置，更好支持和帮助职业教育发展"②。因此，职业教育政策制定应该树立正确的人才观，进一步提升人才培养质量，为实现"两个一百年"奋斗目标和中华民族伟大复兴的中国梦提供坚实人才保障③。

---

① 中国教育年鉴编辑部：《中国教育年鉴（2015）》，人民教育出版社，2016。

② 习近平：《更好支持和帮助职业教育发展为实现"两个一百年"奋斗目标提供人才保障》，《人民日报》2014 年 6 月 24 日，第 1 版。

③ 习近平：《更好支持和帮助职业教育发展为实现"两个一百年"奋斗目标提供人才保障》，《人民日报》2014 年 6 月 24 日，第 1 版。

二、主要政策文件及内容

随着《国家中长期教育改革和发展规划纲要（2010—2020 年）》出台，推动职业教育发展成为国家中长期教育改革的重要内容。该文件指出，要将提升教育质量作为职业教育发展的重点，同时也对职业教育人才培养目标、保障体系建设、师资队伍建设等相关问题进行了论述，为新时期中国职业教育发展提供了政策依据。文件明确指出要推进教育国际化进程，要以开放促改革促发展，提升中国教育国际化水平，在引进国外优质教育资源的同时，还应该对政府之间的学历互认、海外办学和公派出国留学等方面进行整体规划。这些政策的出台为中国职业教育参与对外开放提供了现实依据，也推进了新中国职业教育国际化进程。

经过十多年的发展，高职教育国际化交流与合作取得了阶段性成果，特别是随着国际交流合作的深入，合作规模日益扩大，我国不仅获得了国外高职教育宝贵的经验，同时也提升了高职教育层次，丰富了高职教育内容，为推进高职教育国际化创造了有利条件。人才培养体制改革是教育改革的起点，本次规划也重点强调了实现教育现代化的重要性，体现了现代教育的变革性和创新性特征。

2011 年，国家出台了《教育部关于推进中等和高等职业教育协调发展的指导意见》和《教育部关于推进高等职业教育改革创新引领职业教育科学发展的若干意见》，进一步明确了新时期高职教育的历史任务和人才培养要求，同时指出高职教育要变被动为主动，积极探索高职教育发展新模式。此外，教育部还提出应加速高等职业学校的信息化建设进程，培养符合新时期职业人才需要的"双师型"教师，并为促进高等职业教育的稳定发展、建立师资队伍选拔机制和相应的保障机制等提供了重要保障[1]。

2012 年，党的十八大的召开标志着中国特色社会主义事业发展进

---

[1] 《教育部关于推进中等和高等职业教育协调发展的指导意见》，教职成〔2011〕9 号。

入新时代。党的十八大强调职业教育是国民教育体系和人力资源开发的重要组成部分，是广大青年打开通往成功成才大门的重要途径，肩负着培养多样化人才、传承技术技能和促进就业创业的重要职责，必须高度重视、加快发展①。因此，党和国家通过发展职业教育来提高劳动者素质，大力培养高素质技能型实用人才和劳动者，进而提高企业生产经营效益和劳动者收入。

2013 年，为加速深化人才培养模式改革，提高高等职业学校服务经济社会发展的能力，更好地在政府政策支持下积极开展深度校企合作，形成多元主体办学的格局，国家出台的《中共中央关于全面深化改革若干重大问题的决定》指出，要加快现代职业教育体系建设，深化产教融合、校企合作，培养高素质劳动者和技能型人才。这就要求在深化职业教育改革过程中，紧紧围绕保障和改善民生，促进社会公平正义，更加注重职业教育改革的系统性、整体性和协同性，对职业教育理念进行更新，对职业教育结构体系进行创新，将职业教育人才培养质量作为职业教育改革的主要方面，形成与经济社会发展相适应的人才培养模式，办出具有中国特色和世界水平的现代职业教育。

2014 年，《国务院关于加快发展现代职业教育的决定》明确指出，要通过制度形式为企业参与职业教育人才培养提供保障。同年，《教育部关于开展现代学徒制试点工作的意见》对学徒制的意义和作用给予了充分肯定，同时也明确了现代学徒制改革的重点，企业举办职教进入了新的篇章②。此外，《国务院关于加快发展现代职业教育的决定》明确指出，要形成具有中国特色和世界水平的现代职业教育体系，要加速推进职业教育改革，形成与经济社会发展相适应的现代职业教育理念，鼓励多元主体参与职业教育发展，加速推进产教融合③。该文件的颁布，表明了国家高度重视现代职业教育发展的决心，为高职教育发展和联合办学的实施注入了动力，同时也对新时期职业

---

① 李玉兰、练玉春：《从谋求"饭碗"到追求梦想——党的十八大以来全国职业教育发展纪实》，《光明日报》2018 年 9 月 14 日，第 8 版。
② 《教育部关于开展现代学徒制试点工作的意见》，教职成〔2014〕9 号
③ 《国务院关于加快发展现代职业教育的决定》，国发〔2014〕19 号。

教育发展提出了具体要求。此外，为优化高等职业教育结构，建立有效的职业教育质量保障体系，国家出台了《教育部等六部门关于印发〈现代职业教育体系建设规划（2014—2020 年）〉的通知》，为职业教育发展方向提供了指引，该项规划中系统设计了现代职教体系，并将加速职业教育信息化进程作为一项重点任务来抓①。在该文件的指导下，我国在 2020 年基本达成建成中国特色现代职业教育体系的目标。这一项政策体现了对现代职业教育体系的要求，彰显了与传统职业教育体系的不同特征，现代职业教育更具开放性和灵活性的特征。

2015 年，教育部发布《关于深入推进职业教育集团化办学的意见》，职业教育集团化发展全面提上了政府议程。同年，教育部先后颁布了《普通高等学校高等职业教育（专科）专业设置管理办法》《普通高等学校高等职业教育（专科）专业目录（2015 年）》，两项文件主要针对高等职业教育提出了管理要求。文件中指出，要加强对高等职业教育发展的指导和监督，各地需结合本地实际做好高等职业教育发展规划，推动资源的整合和专业机构的优化，各地也可结合区域发展需要设置专业。这体现了职业教育因地制宜的发展规划，也比较符合新时代职业教育的发展要求。

2016 年，《教育部关于全面提高高等职业教育教学质量的若干意见》对职业教育持续改革和长远发展做出了具体的指示，明确提出要提高高职教育质量②。这一文件的颁布，也标志着职业教育向更加注重持续发展的方向推进，内涵建设和教学质量提升成为新时代职业教育发展的重中之重。同年，李克强总理提出产业发展要"增品种、提品质、创品牌"。产业的高质量发展离不开人才的支持，职业教育在培育具备"工匠精神"的人才过程中具有一定的优势。

---

① 《教育部等六部门关于印发〈现代职业教育体系建设规划（2014—2020年）〉的通知》，教发〔2014〕6 号。

② 《教育部关于全面提高高等职业教育教学质量的若干意见》，教高〔2006〕16 号。

三、政策主要特征及实际影响

（一）主要特征

1. 强调"以人为本"的价值取向

这一时期中国职业教育政策更加关注学生的个性化需求，更加关注学生的职业生涯发展，在政策制定上更加凸显以人为本底色，关注教育公平，希望职业教育政策惠及每一个接受职业教育的学生。随着职业教育政策公平思想的不断凸显，职业教育在关注服务经济功能的同时，也更加关注学生的个性化需求和发展，并具体体现在政策制定和政策内容上。中国正处于社会主义现代化发展的关键时期，教育现代化作为中国式现代化的一个重要构成部分而被提出，其中的深意在于，人是中国式现代化的核心，只有人实现了现代化，社会才能实现现代化，而教育现代化是促进人的现代化的必要条件。因此，教育现代化的提出顺应了时代发展潮流，也是加速传统教育向现代教育过渡的重要标志。《国家中长期教育改革和发展规划纲要（2010—2020年）》也对职业教育进行了重点规划，并指出职业教育在教育体系中占有重要位置，未来教育事业的发展要充分关注职业教育，并致力于职业学校人才职业道德、实践能力和创新能力等的培育。

2. 注重打造职业教育特色

这一时期的职业教育经历了多年的积累，在原有的职业教育体系框架下，国家出台了大量鼓励和支持性政策，希望各类职业学校积极参与技术技能型人才培养计划，进一步凝练职业教育特色，为现代化建设贡献积极力量。这一政策导向不仅对职业教育发展提出了要求，同时也为促进职业教育持续改革和长远发展注入了新的动力。

《国务院关于落实职业教育法执法检查报告和审议意见的报告》明确指出，要明确职业教育办学定位，转变职业教育办学理念，提升职业教育经费保障水平，创新职业教育师资队伍建设，推动职业教育区域均衡发展。这一时期的关于职业教育的一系列重要批示、讲话、文件及政策与措施，充分体现了国家对职业教育发展的重视，同时也指明了职业教育发展的方向和改革重点，进一步明确了中国职业教发展的具体思路，持续优化职业教育生态，走内涵式发展之路，推动了我国职业教育的可持续发展①。

（二）实际影响

1. 明确了职业教育改革的战略目标

《国家中长期教育改革和发展规划纲要（2010—2020 年）》提出教育现代化发展目标，既是中国经济社会发展的现实要求，也是为了提升本国国际地位、解决现阶段教育发展问题的必然要求。文件还提出致力于学习型社会建设，成为人才强国的目标。教育现代化、学习型社会与人才强国三者之间是相互联系、相互促进的关系。中国要建设成为人才强国，关键要发展教育。具体来说，一要从整体上提高国民素质。我国主要劳动人口中，受过高等教育的人口比例与发达国家相比仍存在一定差距，为此，提倡全民学习、终身学习已成为新时代教育事业的一个重要内容。二要培养出高精尖人才。未来社会发展更加需要在某一领域具有战略眼光、掌握领先科技，能够长远考虑，带领社会不断前进的人才。而职业教育在人才培养过程中应大力发展技术教育，促进产教融合，并注重培养学生的国际化视野，这也是职业教育应承担的历史使命。

2. 课程质量和就业质量得到改善

2014 年 5 月，《国务院关于加快发展现代职业教育的决定》提出"专业课程内容要与职业标准相衔接"②。按照这一发展思路，在推动职业教育课程体系建设过程中要注重城乡和区域之间的发展不平衡，因地制宜地打造符合区域发展需求的校本课程体系。2015 年，教育部提出鼓励开发符合各地发展需求的，结合当地优秀传统文化的校本课程。要求校本课程体系建设具有极强的适用性和可操作性，要从本地社会发展实际需求出发，构建更符合实际需要的职业课程内容。

这一时期的职业院校特别重视内涵建设，主动对标国家战略需

---

① 武智、孙兴洋、赵明亮：《教育生态学视域下高职教育内涵式发展对策研究与实践》，《黑龙江高教研究》2018 年第 4 期。

② 《国务院关于加快发展现代职业教育的决定》，国发〔2014〕19 号。

求，加大职业教育成就的宣传力度，进一步提升职业教育的显示度和影响力。例如2015年主题为"支撑中国制造　成就出彩人生"首届职业教育活动周，2016年职业教育活动周主题为"弘扬工匠精神 打造技能强国"，通过一系列的活动，在社会上进一步宣传了推动职业教育发展的重要性，也让社会公众对职业教育发展的重要意义有了更为深刻的理解，对职业教育内涵和特征有了全面的认知，为职业教育发展营造了良好的外部环境。2016年，我国中等职业学校毕业人数超过474万人，实现就业人数超过459万人，就业率达到96.72%，其中有75.6%的毕业生都实现了对口就业。

四、小结

经济全球化背景下，创新驱动已经成为国家发展第一动力，随着网络信息技术的不断进步，与各个产业融合更为紧密，催生出了很多新业态成为国民经济新的增长点。当前国家将产业结构调整作为重点工作加以推进，相应地对职业教育人才培养提出更高要求。这一时期的职业教育办学体制强调政府与社会力量共同发挥作用，强调社会力量与政府共生，并且政府为此不断制定和完善办学体制机制，为多元化办学主体"能办学、办好学"创造了良好条件。国家出台的《国家职业教育改革实施方案》，将职业教育摆在了国民经济发展更加突出的位置，同时也为未来职业教育发展明确了改革路线。

第五节　职业教育高质量发展阶段的政策（2017—2019）

2017年，党的十九大召开，在新的历史时期，国家高度重视职业教育的发展，尤其是在高等职业教育发展方面出台了一系列具体的指导规划。中国提出向制造业大国迈进的发展目标，这也为高等职业教育发展带来了新的机遇。

一、政策环境

1. 产教融合进一步深化

从国家教育改革的整体思路看，教育现代化成为我国教育改革的根本目标，而要实现这一目标就需要根据国家的战略部署，进一步提升职业教育的发展质量。党的十九大对职业教育进行了全面部署，要求各地在推进职业教育改革的过程中，构建更为完善的职业教育和培训体系，加速推进校企合作，深化产教融合。产教融合是在多年校企合作的实践基础上提出的，新时代职业教育产教融合逐渐成为高等职业教育发展的新目标。产教融合是推动产业转型升级的一种新型人才培养模式，通过政府、高校、行业、企业及社会力量多方合作，做到资源共享，优势互补，建立共建、共生、共享的生态圈，培养出适应社会发展的人才。产教融合顺应了国家创新驱动发展战略的方向。尤其是进入新时代，我国不断加速现代化产业体系的建设，产教融合日益成为促进人才供给和人才需求相匹配的一项重要措施[1]。高职院校以培养高素质人才为主要职责，产教融合同时也是提高职业学校人才培养质量的有效手段。

在产教融合的推动和影响下，职业学校加速了在人才培养模式、教师专业化队伍建设和创新创业服务等方面的变革。产教融合要求高职院校围绕教育与职业下功夫，树立主动对接和主动作为的教育理念。产教融合要求职业学校与企业之间建立联盟关系，因而也有助于形成地方合力，促进行业联合，同时借助信息化技术手段搭建协同创新平台，形成协同育人共同体[2]。这样不仅能够为企业技术创新提供人才，也能够为职业学校人才培养质量的提高贡献力量，最终实现多方共赢的目标。

---

① 武智：《关于构建高职教育政企校协同育人共同体的思考》，《教育与职业》2018年第10期。

② 胡一峰：《以创新举措不负职业教育政策利好》，《科技日报》2019年3月11日，第2版。

2. 培育精益求精的工匠精神受到重视

2016 年，"要鼓励企业开展个性化定制、柔性化生产，培育精益求精的工匠精神"① 首次出现在李克强总理的政府工作报告中，此后，"工匠精神"成为各领域推动事业发展的重要指导。其实，"工匠精神"的提出有着深刻的文化渊源，中国古代就十分看重匠人匠心，在新时代，"工匠精神"同样值得传承弘扬。在工业化发展的进程中，人们逐渐淡忘了"工匠精神"，而在新的历史时期，"工匠精神"不仅有了新的时代内涵，同时也是人们获得正能量价值观的思想源泉，是维持个体发展和社会发展的重要精神动力。以人工智能、数字化制造、新能源为主要标志的新一轮科技革命的兴起，促进了社会分工、社会结构等的转变。当前中国经济发展进入新常态，尤其是在互联网的推动下，培养高素质技术技能型复合人才将是今后很长一段时间的重点任务。中国制造要实现向"优质制造"和"精品制造"的转型升级，需重点解决职业教育中存在的突出问题。

3. 新型职业农民培训需求增加

党的十九大报告高度关注"三农"问题，强调"三农"是影响国计民生的根本性问题②。抚今追昔，要解决"三农"问题，为农民提供充分的培训和教育机会是关键途径之一。农民职业教育经历了教民稼穑、平民教育、农村教育和农民职业教育及培训等变迁历程，伴随相关制度的演进，农民职业教育在历史的舞台上从未间断。农民职业教育在新时代依然是解决"三农"问题的突破口，尤其是在农业现代化背景下，农业发展需要更多懂技术、会管理的农民来承担，培育新型职业农民是新时代"三农"发展的重点内容之一。在这样的背景下，中职教育成为培育职业农民的合理化路径，中等职业学校在农民培训方面也在进行不断的尝试和探索。

从全球农业经济发展总体情况看，农业发展受国际环境影响越来

① 李克强：《政府工作报告——2016 年 3 月 5 日在第十二届全国人民代表大会第四次会议上》，《人民日报》2016 年 3 月 18 日，第 3 版。

② 习近平：《决胜全面建成小康社会 夺取新时代中国特色社会主义伟大胜利》，《人民日报》2017 年 10 月 19 日，第 2 版。

越大，这对于中国现代农业来说，也是一项艰巨挑战。中职教育作为新中国教育体系中的重要部分，担负着为国家培养优秀的高质量技术人才的任务。以农民培训为例，传统农民培训通常侧重于知识技能层面培训，但新型职业农民培训更应注重自我学习能力培养。现代农业的发展不仅需要农民懂技术，也需要他们懂管理、具有先进管理理念。基于此，中等职业学校在为农民提供培训时要改变思路，切不能只停留于理论教育层面，而是要与各类农业企业合作，帮助其具备承担培训职业农民的能力，丰富培训职业农民的主体。

总而言之，不论是国内还是国际环境的变化，都对我国的新型职业农民的培养培训提出了新的更高要求，在这样的现实背景下，中等职业学校应发挥自身的优势，聚焦职业农民培养，聚合更多的农业类培训主体和精品职业教育资源，在为农民提供更多的知识和技能培训的同时，注重培养农民的自我学习能力，搭建终身学习的立交桥，形成对新型职业农民综合素养提升的持续支持体系。

4. 高质量发展成为职业教育内在必然要求

新时代职业教育发展面临的主要挑战是下大力气解决发展不平衡不充分问题。党的十九大以来，深化教育改革成为国家发展的重点战略之一[①]。发展历来是党执政兴国的第一要务，其关键还是在于提高教育质量，把实现教育现代化作为教育领域发展的重中之重。审视新中国职业教育发展的历史进程，结合当今社会发展的现实之需，发展职业教育至关重要。新时代的社会矛盾已经发生转变，职业教育事业的发展需坚持高质量发展的基本原则，而要实现自身的高质量发展，则需充分考虑职业教育发展的需求，在遵循职业教育自身发展规律的前提下，明确职业教育在新的历史时期的重要地位和作用。

新时代的职业教育要坚持为社会经济发展服务，办人民满意的职业教育。为此，从国家层面来讲，有必要通过政策加强对职业教育发展的指导。随着社会主要矛盾发生转变，为有效缓解人民对优质职业

---

① 习近平：《决胜全面建成小康社会 夺取新时代中国特色社会主义伟大胜利》，《人民日报》2017 年 10 月 19 日，第 2 版。

教育的需求与职业教育自身发展的不平衡、不充分之间的矛盾，推进新时代职业教育改革已被提上日程。如前所述，职业教育在新的历史时期，为实现自身的持续发展，要在办学方式和人才培养模式上主动开拓创新，积极吸纳初中毕业生，不断提升自身的人才培养质量。与此同时，党和国家提出了"中国制造2025"战略，在一系列政策的指导下，进一步深化了中职教育改革，并且提升了中职教育对职业培训的服务能力。

当前，职业教育已成为教育发展的重要内容之一。在发展过程中，需平衡好职业教育与普通教育的关系，做好中高职院校的衔接工作，在扩大职业教育规模的同时加强职业教育的内涵建设，推动职业教育高质量发展。

二、主要政策文件及内容

2017年4月，教育部等六部门联合出台了《职业学校校企合作促进办法》，进一步明确职业学校校企合作的目标原则、实施主体、合作形式、促进措施和监督检查等。该文件初步建立起校企合作的基本制度框架，对推进新时代职业教育意义重大。

党的十九大明确提出"深化产教融合、校企合作"的要求，为回应职教战线和社会各界的心声，产教融合既是提高教育质量的重要抓手，也是构建现代职业教育体系的关键，它统领着现代职业教育体系的建设和教育质量的提高。2017年12月，国务院办公厅印发了《关于深化产教融合的若干意见》，文件对产教融合提出了明确的要求和实现路径，并明确要求下大力气推进教育和产业统筹融合、发展强化企业重要主体作用、人才培养改革、促进产教供需双向对接以及完善政策支持体系等6个方面的进步，全面规划了新时代产教融合发展战略①。

2018年3月16日，全国职业教育与继续教育工作视频会议在北京召开，会议的主要任务是贯彻落实习近平新时代中国特色社会主义

---

① 《关于深化产教融合的若干意见》，国办发〔2017〕95号。

思想和党的十九大精神，总结工作经验，部署 2018 年重点工作，推动中央决策部署在职业教育与继续教育领域的落实，写好新时代职业教育与继续教育"奋进之笔"，打好职业教育提质升级攻坚战，书写好职业教育与继续教育发展的新篇章①。

2019 年 1 月 24 日出台的《国家职业教育改革实施方案》强调"职业教育要对接科技发展趋势和市场需求"，进一步指明了职业教育发展的趋向，并将发展现代职业教育作为推进人力资源供给侧改革的重要任务，把办好新时代职业教育的决策部署细化为 7 个方面 20 项政策举措，并明确提出开展本科层次职业教育试点，2019 年教育部分两批审批 21 所本科层次职业教育试点学校。之后，教育部加快了独立学院转设步伐，一批独立学院和高职院校或将携手合作推进本科层次职业技术大学的建设。同时，配合国务院产教融合文件，教育部等六部门出台了《职业学校校企合作促进办法》（教职成〔2018〕1 号）（以下简称《办法》），两个文件共同形成了落实党的十九大精神的政策"组合拳"。《办法》通过明确职业学校校企合作的目标原则、实施主体、合作形式、促进措施和监督检查等，建立起校企合作的基本制度框架。《加快推进教育现代化实施方案（2018—2022 年）》提出了"深化职业教育产教融合"的重点任务。产教融合的有序推进，需要构建更为完善的职业教育体系和职业教育制度。

2019 年，国家出台了《中国教育现代化 2035》和《加快推进教育现代化实施方案（2018—2022 年）》，文件明确提出了教育现代化的发展目标，要求各地在教育现代化建设进程中，坚持以德为先理念，培养学生的终身学习意识，在教学过程中坚持因材施教，让学生全面发展，这些目标的提出为中国职业教育未来改革奠定了基调。《国家职业教育改革实施方案》充分肯定了职业教育在培养"大国工匠"方面的作用，强调在优化职业教育结构的同时，要提升职业教育的发展质量，尤其是加速高等职业学校的发展，能够为社会输送更多

---

① 王家源：《写好新时代职业教育与继续教育奋进之笔》，《中国教育报》2018 年 3 月 17 日，第 2 版。

的高素质技术技能型人才，进而为中小微企业提供技术研发等服务①。新时代的职业教育也不仅局限于初中毕业生范围，而是将服务面向社会全体成员，致力于做好社区教育和终身学习服务。同时，为体现职业教育对于新时代经济社会发展的特殊价值，《2019年国务院政府工作报告》将职业教育从"教育"部分中单列出来，放到"就业"部分，将发展职业教育上升到重要高度，同时也为推进职业教育改革做出了重要部署。同年11月，教育部等十四个部门印发《职业院校全面开展职业培训　促进就业创业行动计划》，推动职业学校面向全体劳动者特别是重点人群及技术技能人才紧缺领域开展大规模、高质量的职业培训，为实现更高质量和更充分就业提供有力支持。

2019年8月20日，习近平总书记在甘肃山丹培黎学校考察时强调"职业教育前景广阔、大有可为"，从战略高度阐释了实体经济与国家经济建设、技能型人才培养与大力弘扬工匠精神的辩证关系。以习近平同志为核心的党中央以前所未有的重视程度和前所未有的推进力度关心、支持职业教育发展，使我国新时代职业教育迎来了新的重大发展机遇②。

三、政策主要特征及实际影响

（一）主要特征

1. 职业教育政策更加注重长效性

新时代职业教育的持续改革和长远发展重点关注两个层面：第一，构建中国特色现代职业教育体系。按照《现代职业教育体系建设规划（2014—2020年）》的要求，截至2020年，我国要构建终身教育体系，形成中高级职业学校的有效对接，为高等职业学校毕业生开拓就业空间，并完善职业教育和普通教育之间的无障碍互通③。由此

---

① 《国务院关于印发〈国家职业教育改革实施方案〉的通知》，国发〔2019〕4号。
② 陈子季：《职业教育从"大有可为"到"大有作为"》，《中国教育报》2020年10月13日，第9版。
③ 《教育部等六部门关于印发〈现代职业教育体系建设规划（2014—2020年）〉的通知》，教发〔2014〕6号。

也可以看出，新中国发展职业教育的决心、职业学校与普通院校的明显差异，以及职业学校毕业生就业问题是制约职业教育持续发展的关键问题，新时代职业教育改革要破除职业学校与普通院校之间的隔阂，形成二者协同发展的局面；优化职业学校专业设置和布局结构，提高职业教育资源的整体质量。唯有如此，才能更好地吸引生源，促进职业教育的良性循环。第二，实施职业教育的可持续发展战略。完善职业教育和培训体系，构建符合新时代发展方向的办学定位，树立合作办学理念，形成职业教育发展的良好氛围，争取得到更多的外部力量的支持。职业教育在区域发展中应扮演重要角色，各地可结合本地实际，对区域内的教育资源等进行整合，构建携手共建的职业教育新秩序，形成职业教育人才培养的良性互动。尤其是要增强职业学校学生与企业、单位等之间的交流和互动，在人才培养模式和培训模式上也应不断创新，寻求突破。

2. 职业教育政策更加注重适用性

将"加快发展现代职业教育"上升为宏观层面政策，这体现了国家对职业教育发展的高度认可，也为新时代职业教育现代化发展注入了新的活力。在一系列支持性政策的指导下，中国特色职业教育体系建设初见雏形，这对于提高职业教育质量，推动国民经济高质量发展意义深远。在政策措施方面，2017—2019年，分别对产教融合发展目标、原则、结构、形式、管理等方面做出了细致的规定，并对产教融合进行了顶层设计。职业教育的特殊性要求其在教学形式、课程设置等方面要与时俱进，尤其是要紧跟社会经济发展步伐，密切联系企业和社会。长久以来，校企合作成效不佳制约了职业教育的持续发展，教育内容与社会脱节，或不完全符合未来社会发展的需要，导致职业教育发展陷入困境，难以发挥自身优势。为改善这一困境，国家提出应进一步深化产教融合，密切校企合作，推进职业学校人才培养模式改革，促进教育链、人才链与产业链、创新链的有机衔接。

3. 职业教育政策更加注重实效性

职业教育定位的转变，预示着职业教育发展将迎来新的契机，同时在职业教育改革的引领下，通过打造高水平职业学校来表达中国发展职业教育的决心。高质量发展已经成为新时代职业教育发展的重要理念，从宏观层面来看，这一理念转变意味着职业教育领域要主动顺应社会主要矛盾转变，更加注重致力于解决发展不平衡不充分的问题，这个方面职业教育大有可为①。从中观层面来看，职业教育高质量的评价标准在于行业与地方经济发展需求与职业学校人才培养的匹配度，因而职业教育发展应更加注重结构性质量的提升。从微观层面来看，高质量的职业教育体系构建，需要落实到具体的教育实践中，各地院校亟须结合自身的实际情况，从全局视角出发创新专业人才培养模式。

此外，职业教育高质量发展也预示着，职业学校要根据社会发展对人才需求的变化进行适当调整。在需求端，职业教育要能够满足新型业态发展的要求；在供给端，职业教育要突破传统教育模式的束缚，提高人才培养质量和效率。简而言之，新时代的职业教育政策要着重引领职业教育的各个主体积极转变传统的育人观念，不断创新人才培养模式，在职业教育政策保障方面努力保持职业教育供给端与需求端之间的动态平衡。

（二）实际影响

1. 中等职业学校吸纳初中毕业生能力增强

党的十九大报告指出，"普及高中阶段教育，努力让每个孩子都能享有公平而有质量的教育"②。这一政策的提出虽然是针对高中阶段的，但实际上也反映出中等职业教育在吸纳和解决学困生方面的能力欠缺。实际上，中等职业教育在学生专业技术的培养方面应占有一定优势，但这种优势尚未得到充分发挥。当前，中国已迈入老龄化社会，青壮年劳动力供给不足是社会存在的现实问题，唯有提高技术水平，才能实现劳动生产率的进一步提高。为此，近年来，国家提出要提升中等职业教育质量，扩大中等职业教育的基础性地位，从根本上

---

① 习近平：《决胜全面建成小康社会 夺取新时代中国特色社会主义伟大胜利》，《人民日报》2017年10月19日，第2版。

② 习近平：《决胜全面建成小康社会 夺取新时代中国特色社会主义伟大胜利》，《人民日报》2017年10月19日，第2版。

来看，这一做法不仅有助于提高经济困难地区学生的高中毛入学率，同时也有助于更好地实现教育公平，培育出更多的优质人才。

将中等职业教育作为普及高中阶段教育的一项重要手段，优化普通高中和中等职业教育结构，有助于让更多人接受高中阶段教育。国家从政策层面明确提出中等职业教育与高中教育的招生规模大体相当。换句话说，国家明确了"普职比"的大体相当对于稳定职业教育规模具有重要意义。以 2018 年统计数据为例，全国初中毕业生升学率达到 95.2%，高中阶段教育毛入学率达到 88.8%，中等职业教育学校招生 559.41 万人，占高中阶段教育招生总人数的 41.37%①。这一数据表明，中等职业学校吸纳初中毕业生的能力有所增强。与之相呼应的是，中等职业学校通过自主招生，不仅吸纳了未能升入普通高中的初中毕业生，其在教学方式等方面也做出了调整，如组织农民工及其子女参与教学或培训等，这也为中等职业教育的持续发展拓展了空间。

2. 高等职业教育"质和量"均有所提升

中国的职业教育是在中国本土产生的一种教育形态，经过多年的发展和累积，逐渐成为一种不可替代的教育类型。进入新时代，职业教育成为教育发展的重点，其重要性被进一步强化。近年来，随着职业教育政策的调整完善，国家逐渐构建起适应社会主义市场经济体制的职业教育体系，职业教育越来越与市场需求、就业紧密结合，尤其是在高等职业教育方面，既体现出了与国际接轨的现代化职业教育理念，也体现了中国特色的职业教育理念和原则。《加快推进教育现代化实施方案（2018—2022 年）》颁布以来，全国各地纷纷加大了对高等职业教育发展的支持力度。

2018 年相关统计数据显示，中国高等教育毛入学率达到了48.1%，中国高等教育大众化又向前迈出了坚实的一步，本专科招生人数达 790.99 万人，其中高等职业教育招生 368.83 万人，占到了总

---

① 教育部发展规划司：《2018 年全国教育事业发展基本情况年度发布》，http：//www.moe.gov.cn/fbh/live/2019/50340/sfcl/201902/t20190226_371173.html.

招生人数的 46.63%①。2019 年，李克强总理在政府工作报告中提出，"鼓励更多应届高中毕业生和退役军人、下岗职工、农民工等报考，今年高职院校大规模扩招 100 万人"②。《国务院关于印发〈国家职业教育改革实施方案〉的通知》明确指出，"启动实施中国特色高水平高等职业学校和专业建设计划"③。在这一政策的指导下，各职业学校开始探索专业化发展之路，在专业开发和课程设置方面坚持就业导向、市场指引和动态优化等原则，致力于提高自身在专业服务产业发展方面的能力。在这一时期，职业教育人才培养的重点是"专业"，这也是其与普通教育相比的一个突出优势。新的历史时期，职业教育不断加强专业化建设，提升专业化水平，持续提升影响力和吸引力。

值得注意的是，职业教育作为一种独立的教育类型，现代职业教育体系构建工作卓有成效，本科职业技术大学试点工作在 2019 年迈出了实质性的一步，职业教育中职、高职、本科职业技术大学的层级分明的职业教育学历体系基本形成。可以预见的是，在国家相关政策的扶持下，一批独立学院也会独自或者联合高职院校转设为应用型本科或者高职本科，这对改善职业教育结构、优化院校和专业布局来说大有裨益。

四、小结

这一阶段是我国经济社会进入高质量发展关键时期，新一轮的经济转型和产业结构调整正在进行，这也必将为职业教育带来新机遇。尤其是习近平总书记在多个不同场合深刻阐明了我国职业教育的战略地位、类型定位、根本任务、办学方向、办学格局、育人机制、价值追求、舆论导向等一系列重大理论和现实问题④。转型升级后的企业

---

① 教育部发展规划司：《2018 年全国教育事业发展基本情况年度发布》，http：//www. moe. gov. cn/fbh/live/2019/50340/sfcl/201902/t20190226_ 371173. html.
② 李克强：《政府工作报告——2019 年 3 月 5 日在第十三届全国人民代表大会第二次会议上》，《人民日报》2019 年 3 月 16 日，第 1—2 版。
③ 《国务院关于印发〈国家职业教育改革实施方案〉的通知》，国发〔2019〕4 号。
④ 陈子季：《职业教育从"大有可为"到"大有作为"》，《中国教育报》2020 年 10 月 13 日，第 9 版。

亟需职业技术人才，职业学校可结合本地的需要，加强职业教育专业建设。例如，当前各产业转型过程中，对人才的需求更加多样化和精细化，职业院校可与重点龙头企业合作，重塑专业建设逻辑，增强职业教育的内涵，深耕企业服务领域。

政策的出发点是解决问题、促进发展。所以，尽管长期以来中国职业教育基本政策精神是保持一致的，但每个阶段的政策所要解决问题的重点是不同的，不同阶段的政策目标与内容各有侧重，而政策目标的发展变化又与前一阶段职业教育发展结果紧密相连。纵观新中国职业教育政策的发展历程，从1991年国务院印发《关于大力发展职业技术教育的决定》到2019年国务院印发《国家职业教育改革实施方案》，政策的调整与优化始终与经济社会发展息息相关。职业教育是一个历史的范畴，具有鲜明的时代特征，职业教育政策受到经济、政治和文化等多种因素的影响，其中社会生产力发展是推动职业教育改革和发展的根本原因。职业教育发展大致遵循了生产力发展—职业结构变化—对人才的需求变化—职业教育改革和发展的基本思路，因而职业教育具有鲜明的职业针对性，这也是不同时代和不同地域职业教育发展的共同特征。

综上所述，改革开放以来，新中国职业教育政策经历了40多年的大发展，成就显著。尤其是党的十八大以来，由于社会主要矛盾发生了转变，相应的职业教育政策也进行了调整。党的十九大之后，为推动职业教育向更高层次、更高水平跃进，国家出台了一批职业教育政策。贯彻党的十九大精神，推动职业教育精准改革，成为新时代职业教育发展的战略重点。充分落实好党的十九大对职业教育的要求，坚持职业教育服务经济社会的发展，这对新时代全国职业教育改革发展起到积极的推动作用。

在新的历史时期，职业教育发展更加注重质量提升和专业化建设，遵循传承历史、关注需求、合理定位的基本原则，深入推进职业教育体系精准改革。一是精准改善职业院校的基础办学条件，深化产教融合、深度有效开展校企合作，做到学校跟着市场走，专业跟着企业走，学生跟着就业走，力促职业教育改革和产业变革同向同频、学校发展与行业发展同轨同步。二是开门办职业教育，提高人才培养质量，提升人力资源价值。职业教育要致力于发掘人力资源的潜在能力，重在培养"知识型、技能型、创新型"的劳动者队伍。这就要求职业院校要把工匠精神、立德树人的要求融入专业课程，不断加大职业院校思政课程和课程思政建设力度，开展一体化课程改革，注重学生的思想政治素质、人文素质、身心素质、职业素质、创新素质的重点培养。三是加强校企合作与产教融合，促进国际交流，致力于培养能够为地方经济社会发展服务的专业技能型人才①。职业院校要注重通过实训平台的建设促进校企合作、产教融合，开拓更多的优秀教育资源，推动职业教育扩大精准对外合作，在形成国际化产业链体系的改革中实现新跨越，从整体上提升高等职业教育的持续发展内驱力。四是积极推进职业教育管办评分离、"放管服"改革。国家出台政策，引导职业院校通过高水平骨干专业教师队伍的建设提高教学质量，积极探索职业教育深化改革、融合发展之路；通过开展高职教育国际专业认证，努力在内涵建设上下功夫，大力培育职业院校的发展后劲。五是引导职业院校秉承"人人成才、人人出彩"的职业教育人才观，真正加强培养学生走向社会应具备的基本职业素养及再学习能力，从而搭建技术技能型人才成长的"星光大道"。

---

① 《国务院关于印发〈中国制造 2025〉的通知》，国发〔2015〕28 号。

第四章　新中国职业教育政策文本与话语分析

政策文本分析是从不同的角度来分析法律、法规和规章及政府公文的多种文本分析方法的集合，既包含了传统意义上偏于定量的内容分析，也包含有对政策文本语言偏于定性的话语分析①。本研究梳理了新中国成立以来我国职业教育政策变迁的历史进程，有助于厘清我国职业教育政策变迁的历史逻辑和现实逻辑。本研究运用综合分析法，对我国职业教育政策的文本数量进行了统计，旨在剖析职业教育政策变迁的制度逻辑，为提出职业教育政策话语演变过程和未来走向提供依据。

第一节　新中国职业教育政策文本统计

一、文本数量统计

本研究在北大法律信息网中央法规司法解释库中检索与职业教育有关的政策，检索词为"职业教育"，检索数量显示有 386 条。其中，法律 1 部，为 1996 年《中华人民共和国职业教育法》；国务院颁布的政策 9 篇；部门规章，即以教育部为主的政策有 356 篇。在文本数量统计过程中，本次统计主要以教育部等为主发布的政策文本，合计

---

① 涂端午：《教育政策文本分析及其应用》，《复旦教育论坛》2009 年第 5 期。

364 篇。1995—2019 年，我国职业教育颁布政策数量的变化情况（见表 4.1），总体呈上升趋势且趋于平稳。其中，1996 和 1997 年颁布数量最少，均为 1 项；2011 年颁布数量最多，达到 31 项。1995—2019 年，平均每年颁布约 15 项政策。尤其是 2005 年以来，职业教育政策文本数量增长迅速，每年发布的政策文本在 20 项左右。

从几个关键的时间节点来看，《国务院关于大力推进职业教育改革与发展的决定》（2002 年）和《国务院关于大力发展职业教育的决定》（2005 年）这两个政策为新世纪中国职业教育发展指明了方向。自此以后，职业教育政策数量明显上升，2011 年达到峰值（见表 4.1），这与 2010 年颁布的《国家中长期教育改革和发展规划纲要（2010—2020 年）》有关，该文件的颁布进一步阐明了职业教育的重要性，对职业教育的发展做出了重要批示，增强了职业教育的吸引力。

表 4.1　我国职业教育政策文本数量情况（1995—2019 年）

项

年份	1995 年	1996 年	1997 年	1998 年	1999 年
数量	3	1	1	4	2
年份	2000 年	2001 年	2002 年	2003 年	2004 年
数量	6	6	3	9	10
年份	2005 年	2006 年	2007 年	2008 年	2009 年
数量	17	26	16	20	25
年份	2010 年	2011 年	2012 年	2013 年	2014 年
数量	24	31	25	18	17
年份	2015 年	2016 年	2017 年	2018 年	2019 年
数量	24	21	17	15	23

透过职业教育政策文本数量的变化可以看出，国家对职业教育发展的重视程度不断提升。在这段时期中，政府和相关教育管理部门在职业教育发展中占有主导地位，政府的推动为职业教育事业发展提供了正能量。纵观我国职业教育的发展历程，政府的宏观引导是必不可

少的，制度变迁的背后与社会发展环境等的变化息息相关。梳理职业教育的发展脉络可知，政府在职业教育发展过程中的主导作用具有合理性，政策文本数量的多寡，预示着政府对职业教育重视程度的高低。

二、颁布主体统计

经统计，我国职业教育政策颁布主体共涉及 24 个（见表 4.2）。其中出现频率较多的主体依次是教育部、教育部职业教育与成人教育司、财政部、人力资源和社会保障部及教育部高等教育司这 5 个主体，说明这几个主体在近些年的职业教育政策发展中占有重要位置。

表 4.2　我国职业教育政策制定主体构成情况

次

序号	颁布主体	出现频率	序号	颁布主体	出现频率
1	国务院	9	13	国家粮食和物资储备局	6
2	教育部	168	14	国家税务总局	2
3	财政部	50	15	国家林业和草原局	2
4	人力资源和社会保障部	23	16	中华全国供销合作总社	8
5	民政部	6	17	农业农村部	5
6	水利部	5	18	教育部高等教育司	11
7	住房和城乡建设部	5	19	劳动和社会保障部	2
8	交通运输部	6	20	国家卫生健康委员会	2
9	国家发展和改革委员会	10	21	中央文明办秘书组	1
10	教育部职业教育与成人教育司	60	22	中央宣传部	1
11	中华全国妇女联合会	1	23	国家应急管理部	1
12	国家邮政局	1	24	文化和旅游部	1

注：统一用 2018 年国务院机构改革后的名称。

由表 4.2 可知，在职业教育政策文件的颁布主体中，最高行政单位是国务院，在相关政策文本中出现 9 次。在相关政策文本中出现较多的颁布主体是教育部、教育部职业教育与成人教育司、财政部，分别为 168 次、60 次、50 次。由此可以看出，这 3 个部门在职业教育政策制定和颁发方面发挥了积极作用。其中，教育部职业教育与成人教育司由教育部主管，也是管理职业教育的重要职能部门。

我国职业教育政策的制定以国务院和教育部为主，且颁布的相关政策具有显著的时代特征。从宏观层面来看，职业教育政策的制定与颁布为促进职业教育事业发展做出了积极贡献；从微观层面来讲，职业教育政策是职业教育体系健康持续发展的重要保障，也为不同时期职业教育的发展指引了方向。从政策颁布主体的统计数据中，可以归纳出如下几点：

第一，从职业教育政策制定的级别上来看，以国务院为主，同时初步形成了多级主体协同配合的局面。国务院作为中国国家最高行政机关，其下发的职业教育政策表明国家对职业教育发展的高度重视。教育部及其他政府部门在职业教育政策颁布中发挥辅助作用，国家整体形成了以中央为主导，各主体相互配合的职业教育政策发展模式。基于不同级别主体颁布职业教育政策的管理框架，一方面有利于各主体之间的协调发展，另一方面也有助于不同主体之间形成相互制约关系。究其原因，教育主管部门颁布的职业教育政策文件要得到具体的落实，需要其他部门的支持和配合，为此，增强不同部门之间的协调性是非常重要的。

第二，从制定政策的主体来看，以三个主体为主。教育部在职业教育政策发布中居于核心地位，大部分职业教育政策都需要教育部的参与。教育部职业教育与成人教育司主要负责配合教育部制定政策，并且在实际工作中主要负责推进职业教育改革和面向职业教育实施教育评估工作等。除了这两个部门以外，财政部在职业教育政策颁布中也发挥了十分重要的作用，这主要是因为职业教育政策的推行离不开资金的支持。纵观我国职业教育的发展历程，财政部在推进职业教育发展中提供了许多政策和资金支持，奠定了职业教育发展的物质基础。此外，财政部也为职业教育提供助学金政策等，体现了国家对农村职业教育和贫困学生的支持和关怀。

第三，从职业教育政策颁布主体的分布情况来看，一方面说明职业教育受到国家的高度重视，且相关政策是在国务院、教育部等的指导下推进的；另一方面说明当前职业教育政策文本的颁布主体分布还是比较多元的，虽然有的主体仅出现 1 次，但也从侧面说明我国对职业教育关注度在提升，同时也预示着职业教育的发展形势比较好。

三、主题分布统计

2005 年之后，职业教育政策文本数量显著增加，因而本书重点选取了 2006—2019 年的职业教育政策文本作为研究样本。根据本研究所查找的政策资料，将职业教育政策主题进行分类，可以将一些相似的主题划分成几大类。

2006 年以来颁布的职业教育政策文件，主要围绕教学、课程、教师、实习、助学、农村等主题展开（见表 4.3）。

表 4.3　我国职业教育政策主题年度分布情况统计（2005—2019 年）

项

主题	年份														总计
	2006	2007	2008	2009	2010	2011	2012	2013	2014	2015	2016	2017	2018	2019	
教学	1		2	2		5		7	6	1	4	2	6	7	43
课程		1	2	1	5	2	6	1	2	1	1	1	2	2	27
教师	2	1	1	2	7	1	4	1	2	2	1				24
实习				2	1	2		3	2	1				1	12
助学金				1	1					3	2		2		9
招生	2	2	2	3				1			1				11
农村				1	1	1	2	1	1	3			2		11
总计	5	4	7	11	15	11	12	14	13	11	9	3	10	12	137

通过对关键词的检索可知，在教学、课程和教师方面的政策文件数量较多，分布比较密集。教学方面主要包括教学质量的提高、教学

研究及人才培养等方面；课程方面主要是专业设置与优化、教材建设等内容；教师方面则主要涉及教师队伍建设、教师专业化、校长培训政策等内容。此外，在这一时期的一些文件中，有关招生、农村的主题内容有所增加，这说明农村地区职业教育发展受到了一定的重视。具体来说，我国职业教育政策主题分布呈现出如下特点：

第一，教学、课程、教师是职业教育政策涉及较多的主题。教学是职业教育的核心，因而长期以来关于职业教育教学的相关政策文件数量较多，这一现象也是合理的。尤其是在 2010 年之后，我国进一步加大了职业教育教学改革的推进力度，平均每年会出台 2 项有关职业教育教学的政策文件。除了教学主题之外，课程和教师主题占比也相对较多，分别占到了 27 和 24 项。实际上，在我国职业教育改革的进程中，课程改革和师资队伍建设至关重要，关系着职业教育的健康发展。新时代职业教育要向高质量方向发展，就离不开优质的职业教育课程和高水平的师资队伍。

第二，随着社会的不断发展，出现了新的职业教育政策主题。实习、助学金、农村等主题表明国家对产教融合、农村职业教育发展等的关注。2005 年以来，随着《国务院关于大力发展职业教育的决定》的出台，职业教育备受关注。除了围绕三大主题制定政策以外，有关实习、助学金的政策相继出现。例如，2010 年出台的《教育部办公厅关于应对企业技工荒进一步做好中等职业学校学生实习工作的通知》，该政策就是在我国部分地区出现大面积的技术工人短缺问题的背景下颁布的。这一方面说明职业教育政策越来越注重实用型人才的培养，以及理论与实践的衔接；另一方面也说明职业教育更加关注贫困学生群体。通过设立助学金等激励性政策，能够吸纳更多的学生进入职业院校学习，提升贫困生的入学率，彰显教育的公平公正。现阶段的职业教育改革，其目的是让更多的人接受职业教育，掌握知识和技能，尤其是职业教育在农村地区的发展，有利于将农村的人口优势转化为人力资源优势，促进经济社会的稳定发展。

第三，职业教育政策主题的变化说明职业教育政策更加注重时效性，更具针对性。2005 年以来，职业教育政策文本数量不断增加，主题日渐丰富，说明我国对职业教育政策内容的关注越来越细化。例如，职业教育实习政策作为一种新的政策主题出现，体现了职业教育理论与实践相结合的典型特征。职业教育理论教学与社会实践偏离是制约职业教育质量提升的关键因素之一，为此，在政策上指出应加强职业教育实习工作的开展，体现了职业教育政策的针对性。与此相应，国家还出台了一系列有关如何加强职业教育实习管理的办法、条文、规范等。例如，2005 年国务院颁布的《关于大力发展职业教育的决定》指出："建立职业教育教师到企业实践制度，专业教师每两年必须有两个月到企业或者生产服务一线实践。企业有责任接受职业院校学生实习和教师实践。"① 再如，比较有代表性的 2007 年《中等职业学校学生实习管理办法》、2010 年《教育部办公厅关于应对企业技工荒进一步做好中等职业学校学生实习工作的通知》及 2016 年《职业学校学生实习管理规定》，这三份文件都对职业教育实习管理做出了细致的规定，为在实践中优化职业教育实习管理提供了有效参考和依据。从针对的院校来看，职业教育政策主题的变化体现了不同层次职业教育管理的特殊性，这也大大增强了政策的针对性和目的性，这种政策更利于解决现实中的问题。

综上可知，我国职业教育政策文本主题的变化体现了社会发展和职业教育自身发展的实际，这与推进职业教育现代化建设的根本目标是一致的。职业教育政策不仅为职业教育活动的开展提供了宏观指导，且政策越来越具体，在针对性和目的性方面明显增强。多种类型政策主题的出现，反映出国家越来越重视职业教育的全方面发展。

四、不同层次职业教育政策文本统计

本研究将搜集到的资料进行整理，分为中等职业教育政策和高等职业教育政策两个层次。

2005—2019 年，在针对不同层次职业教育的政策文件中，中等职业教育政策文本数量多于高等职业教育政策文本数量（见表 4.4）。

---

① 《关于大力发展职业教育的决定》，国发〔2005〕35 号。

其中，中等职业教育政策文本数量占职业教育政策文本比例达66%。整体来说，国家对于中等职业教育是十分重视的，并且这也为新时期中等职业院校的发展提供了支持。在高等职业教育政策方面，2005年国务院颁布的《关于大力发展职业教育的决定》对高等职业教育招生规模提出了要求，要求其应占高等教育招生规模的一半以上①。这也成为高等职业教育改革的契机，尤其是2005年以来国家对高等职业教育的关注度明显增加。

表4.4 不同层次职业教育政策文本的年度数量统计（2005—2019年）

项

主题	年份															总计
	2005	2006	2007	2008	2009	2010	2011	2012	2013	2014	2015	2016	2017	2018	2019	
中等职业教育	8	8	12	9	11	13	10	4	2	2	1	8	8	6	5	107
高等职业教育	7	4	1	6	4	4	3	2	1	2	1	7	4	5	4	55
总计	15	12	13	15	15	17	13	6	3	4	2	15	12	11	9	162

通过对不同层次职业教育政策的梳理可以看出，相较于高等职业教育，2005年以来有关中等职业教育的政策数量较多。这一方面说明中等职业教育在我国职业教育发展中占有重要位置，另一方面也说明高等职业教育未来有更广阔的发展空间。为提高我国劳动力的整体素质，职业教育功不可没，发展各层次职业教育并做好中高职教育的衔接是教育事业发展的趋势。

第二节 新中国职业教育政策话语体系

"文本"和"话语"是关于语言的两个不同视角，二者具有互补

---

① 《关于大力发展职业教育的决定》，国发〔2005〕35号。

关系。在文本分析的基础上进行话语分析，我们能够进一步了解职业教育政策的变迁与演进逻辑。话语分析是根据文本的内容、情景仔细考察话语的内容、组织和功能。政策话语视角的教育政策分析是通过对政策文本所使用的词汇、修辞等的深入研究，来探讨政策文本背后所蕴含的价值取向、文化规则等①。

一、新中国职业教育政策话语属性

文本属于一个静态的概念，话语则属于一个动态的概念。根据《教育部工作要点》中语句的话语主句分析和职业教育实践活动的经验，构建了一个由"三维十五要素"组成的"经验式"编码框架（见表4.5）。

表4.5　职业教育政策话语中的维度与要素编码

维度	要素
A1：职业教育硬件环境建设	B11：职业教育与培训网络建设 B12：县级职教中心建设 B13：职教示范骨干校建设 B14：职教实训基地建设 B15：职教师资队伍建设
A2：职业教育制度环境建设	B21：法律保障制度 B22：招生与就业制度 B23：学生资助制度 B24：职业资格证书制度 B25：技能竞赛制度
A3：人才培养模式创新	B31：工学结合 B32：双元制 B33：现代学徒制 B34：集团化办学 B35：其他模式

结合上述要素，对新中国成立以来我国职业教育政策文本进行统计，可以得出职业教育政策话语要素年度分布情况（1987—2019年）

---

① 阮成武：《我国义务教育均衡发展政策的演进逻辑与未来走向》，《教育研究》2013年第7期。

（见表 4.6）。

表 4.6　职业教育政策话语要素年度分布情况（1987—2019 年）

要素	1987	1988	1989	1990	1991	1992	1993	1994	1995	1996	1997	1998	1999	2000	2001	2002	2003	2004	2005	2006	2007	2008	2009	2010	2011	2012	2013	2014	2015	2016	2017	2018	2019
B11	★	★	★	★	★	★	★	★	★	★	★	★	★	★	★	★	★	★	★	★	★	★	★	★	★	★	★	★	★	★	★	★	★
B12																				★	★	★								★		★	
B13					★	★	★				★		★			★						★	★	★	★	★	★	★	★	★			
B14				★	★						★	★		★		★			★	★				★			★	★					★
B15	★	★	★		★	★		★		★	★	★	★	★	★	★	★	★	★	★	★	★	★	★	★	★	★	★	★	★	★		
B21			★	★		★	★	★	★	★					★	★						★	★	★	★	★	★	★		★			
B22	★	★	★	★	★	★			★	★	★	★	★	★	★	★	★	★	★	★	★	★	★	★	★	★	★	★		★	★		
B23						★					★	★	★		★		★	★	★	★	★	★	★	★	★	★	★	★	★	★			
B24			★					★	★			★		★	★	★	★	★	★	★				★		★							★
B25					★								★										★	★	★	★	★		★	★			
B31					★				★	★				★				★	★	★	★	★	★	★			★						
B32			★	★			★				★				★	★	★	★	★	★	★	★	★	★	★								
B33																								★	★	★	★	★	★	★		★	
B34								★											★	★		★		★	★	★		★	★	★	★	★	★
B35	★	★																★		★	★	★	★		★		★						★

　　对上述要素的维度划分和具体指标分布情况的统计可知：首先，从横向比较，在职业教育硬件环境建设、制度环境建设和人才培养模式创新三个维度之中，相关政策对硬件环境建设的关注度最高，对制度环境建设的关注度次之，关注度偏低的是人才培养模式创新。从1987—2017 年的《教育部工作要点》来看，教育政策对职业教育的关注集中在办学条件的提升和各项资源的投入上。其次，从纵向比较，从职业教育工作要点关注的内容来看，对人才培养模式创新和制度环境建设的关注度明显增强，相较而言，在硬件环境建设方面的关注度

有所下降。这也说明，职业教育政策话语越来越倾向于职业教育制度环境建设和人才培养模式创新两个维度。

通过对 1987—2017 年《教育部工作要点》的分析发现，历年的政策聚焦点在不同程度上反映了具体历史背景下的时代要求。一方面，职业教育政策话语要素的变化，说明我国职业教育的发展以适应劳动市场需要为核心。基于不同的需求导向，不同时期的职业教育工作重点处在动态调整过程中。需求导向是职业教育持续发展的关键，由于职业教育有不同于本科教育的特点，因而职业教育政策也会更加关注现实发展的需求。改革开放以来的职业教育政策比较注重完善实训基地、师资队伍等硬件设施的建设，新时代以来的职业教育则更加注重软环境的培育与优化。另一方面，笔者在分析政策文本和政策话语过程中也发现，一些政策要点的更新具有一定的"滞后性"，虽然这些政策要点是对社会现实需求的反映，但职业教育政策话语很难全面和超前反映我国职业教育的发展诉求。从这个层面来讲，提高职业教育政策的预见性和提高政策话语的科学性，才能更好地引领新时代职业教育事业创新发展。

二、新中国职业教育政策话语演变

职业教育政策话语属性不同，其对职业教育实践的指导性也会不同。例如，当前职业教育政策话语中比较注重人才培养模式的创新，这将在一定程度上推进各职业院校创新人才培养模式的自主性和积极性。近年来的职业教育政策常使用"大力推进""大力发展""加快发展"等话语，这也表明了政府对职业教育发展持有的态度。纵观我国职业教育政策的变迁历程，政策话语大致经历了由以经济话语为主导向以政策话语为主导过渡的过程。

（一）经济话语为主导的职业教育政策话语规则（1978—2005 年）

从职业教育阶段划分来看，职业教育前两个阶段的政策主要使用经济话语，在教育问题的探讨上更多是从经济发展层面来论述，所使用的话语更多是如何实现教育更好地适应经济社会发展的需要。经济发展水平是教育发展的基础，国家为了发展经济，出台的教育政策主要是为社会输送合格的劳动力，1978 年到 2005 年颁布的职业教育政策也从侧面印证了这一点。从教育与经济的关系、教育制度变革与创新、教育投资与教育财政等方面都可以看出教育政策使用的是经济话语。

一是教育和经济的关系。一方面是教育对经济的促进作用，另一方面是教育要与经济相适应，这样才能更好地推动经济发展。职业教育发展与经济的恢复和发展具有正相关关系，特别是在新中国成立初期，通过对职业教育的一系列改革，充分发挥了职业教育的特点和优势，为国民经济恢复和发展提供了大量的专业技术型人才。同时，职业教育对于促进和谐社会建设和提升中国的国际地位方面也具有重要现实意义，如职业教育变革应主动适应经济发展变化，对教育资源进行合理配置，充分发挥市场机制在职业教育改革中的作用等。

二是教育制度变革与创新。这主要是从经济学角度论述教育公平及教育体制改革相关问题。为了满足市场经济发展的需求，需要对教育体制机制进行改革，尤其是对公办职业院校进行改革，探索多种所有制并存的办学体制。同时要建立更为公平的教育保障机制，完善资助制度，确保各类人群都能够接受职业教育，并根据经济社会发展实际需要推进职业教育教学改革。

三是教育投资与教育财政。职业教育发展需要教育经费作为支撑，因此政府鼓励社会各界参与到职业教育发展之中，并为职业教育捐资助学。同时，在教育投资与管理方面，各级政府应该充分发挥自身职能作用，不断加大职业教育经费支出，按照国家相关政策要求给予职业教育必要的培训经费；中央财政应该重点支持农村和西部地区职业教育发展；各级政府要严格使用职业教育经费，落实教育经费相关制度，真正将教育经费用到职业教育实处。

（二）职业教育政策话语趋于多样化（2005—2019 年）

2005 年出台了《国务院关于大力发展职业教育的决定》，这一文件标志着职业教育话语权从原来的以经济话语为主逐渐向以社会、伦理、公共管理等教育政策话语为主转变。

　　一是社会政策话语。这主要是从社会发展角度对教育与社会之间的关系进行阐述，其论述的核心是如何实现职业教育促进社会发展。在《国务院关于大力发展职业教育的决定》文件中明确提出，要加快推进职业教育发展，将职业教育发展与维护社会稳定、推进文化建设、促进就业、消除贫困等紧密结合起来，特别是国家要给予西部地区职业教育发展足够重视，充分发挥东部发达地区对西部地区职业教育的带动作用，建立贫困生助学制度，加大对中等职业学校的贫困生资助水平，采取助学金、学费减免、给予奖学金等多种办法，确保贫困家庭学生能够接受职业教育，更好地促进教育公平公正。2010 年，国家出台了《国家中长期教育改革和发展规划纲要（2010—2020 年）》，文件中明确指出，在重视发达地区职业教育的同时，还应该注重教育的公平性，大力推进贫困地区职业教育发展，给予民族地区职业教育足够重视，加大对民族地区职业教育投入，夯实民族地区职业院校基础设施建设，鼓励高层次人才向民族地区职业教育领域倾斜。综上所述，这一阶段国家对职业教育功能性发挥非常重视，不仅关注职业教育的经济功能，也开始重视职业教育的社会功能，出现了社会政策话语权，并看到了职业教育在消除贫困、维护社会稳定中的价值。因此，国家出台的相关政策是促进东西部职业教育均衡发展，重点给予农村和贫困地区教育资源倾斜，对贫困家庭学生给予资助，保障贫困学生受教育权，实现社会公平公正，促进社会和谐发展。

　　二是伦理政策话语。这主要论述的是教育与伦理之间的关系，以及伦理政策话语是如何通过职业教育促进学生的道德行为发展的话语内容。在《国家中长期教育改革和发展规划纲要（2010—2020 年）》中明确指出，职业教育在培养学生技能的同时，还应该注重学生的品格发展，充分调动学生学习主动性和积极性，培养良好的学风和校风，进一步增强学生的创新意识，提升人才的综合素养，尽量为经济社会发展输送高素质高技能的优秀人才。2014 年出台的《国务院关于加快发展现代职业教育的决定》指出，既要关注学生的技能培养，也要关注学生的道德素质培养，在课程设置上要突出学生综合素质的提升。同年，国家出台的《现代职业教育体系建设规划（2014—2020

年）》指出：要进一步强化职业学校的德育工作，将德育工作纳入职业教育体系规划，将社会主义核心价值观与职业院校的德育工作紧密结合，切实提升职业道德教育效果，并采取多措并举的形式将德育教育与课程体系紧密结合；健全质量评价制度，将德育教育纳入考核指标，充分体现国家政策对学生品德质量的关注，既注重学生的职业能力，又注重学生的职业道德，这也反映出了政策话语权的转换。

三是公共管理政策话语。这主要是从管理学角度论述如何规范学生主体行为，构建和完善教育管理科学化的话语体系。《关于加快发展现代职业教育的决定》明确指出，政府要充分发挥自身的职能和作用，加大对职业教育的监督引领和保障工作，要积极鼓励社会力量参与职业教育发展，鼓励社会力量参与职业教育办学管理和评价整个过程，加强对职业教育的行业引导，注重发挥用人单位和行业的作用，引导第三方参与职业教育评估。2014 年出台的《现代职业教育体系建设规划（2014—2020 年）》明确指出，要构建和完善学校、行业和企业共同参与的理事会制度，加强行业指导，加强监督评估，构建职业教育行业指导体系，完善督导评估办法，扩大职业院校自主招生权，建立约束激励机制。可以看出，国家对职业教育发展给予了充分重视，并要求政校企分开，赋予职业院校更多的自主办学权，鼓励社会参与职业教育发展，并加强对职业院校的考核和评估力度，以满足群众需求为目标，完善政府管理机制。

政策话语权从前两个阶段的以经济话语为主逐步转换成以社会、伦理、公共管理为主的政策话语，通过梳理职业教育政策话语，反映出如下特征：

第一，国家对职业教育的社会功能给予了充分重视，并对职业教育的认知有了更为深入的了解，职业教育不仅是为经济社会发展培育合格的劳动力，而且在维护社会稳定、消除贫困中也发挥着重要的作用。因此，国家在政策制定上给予贫困地区和民族地区的贫困学生更多的政策倾斜，有助于实现社会公平。通过推动区域经济发展，提升劳动者素质，也有助于实现区域协调发展。

第二，职业教育不仅是推动经济社会发展的重要手段和措施，而且为了更好地满足群众终身发展需要，应该将职业教育作为提升全民素质的重要途径。职业教育政策在前两个阶段只注重职业学生的能力提升，而到了新阶段，职业教育在关注学生职业素养的同时，还应该关注学生的职业道德，使职业道德教育贯穿教育始终，并将职业道德作为重要指标纳入职业教育质量评估。

第三，政府开始引入市场机制参与职业教育发展，鼓励社会力量参与职业教育，给予民办教育更多的支持，扩大院校招生自主权，主张政校企分开，更好地满足群众职业教育需要。同时，加强职业教育质量评估，引入第三方评估的方式，加强群众监督，保障群众的知情权和参与权。客观地说，从职业教育政策演进过程来看，职业教育政策话语权的演变不仅受到外部因素影响，也受到其自身内在发展规律的制约。

第五章　新中国职业教育政策变迁的动因、路径依赖和效能

现有规则的效力会随着环境的变化而变化，当现有规则的形式保持不变的时候，一旦外部环境发生变化，原来规则的效力也会出现新的变化，在变化的过程中就会出现制度变迁。新中国职业教育政策变迁受到内外部环境、职业教育内生动力、相关行动者变量等因素的影响，是多种因素共同作用的结果。本章结合新中国职业教育政策变迁的历程，进一步分析其遵循的现实逻辑，归纳其政策变迁的动因、路径依赖及职业教育政策产生的效能。

第一节　新中国职业教育政策变迁的动因

历史制度主义视角下的制度变迁是指旧制度被新制度替代，其中包含两种情况，一种是突发性的变革，另一种是渐进式的过渡。如果旧体系的制度支持者无法阻止人们倒向新制度规则，那么渐进式的制度替代就会发生①。不论是何种变迁形式，均源于不同因素的影响。纵观近代中国职业教育政策变迁的历程，其产生的动因可细化为三个维度，即外生性变量（政治、经济、国内外环境、文化等）、内生性变量（职业教育目标、功能规模、人才培养等）、行动者变量（政府、

---

① 詹姆斯·马霍尼、凯瑟林·西伦：《渐进式制度变迁理论》，郭为桂、王超杰译，《国外理论动态》2017 年第 2 期。

学校、企业、学生等）。

一、外生性变量在职业教育政策变迁中的作用

职业教育政策变迁往往首先是社会力量推动的结果，有着深刻的社会背景。新中国成立以后，经济社会发展的大环境发生了显著变化，对人们的传统职业教育观念提出了新的挑战。伴随社会转型、知识经济发展和全球化进程等的推进，新中国职业教育政策进行了多次调整和完善。

（一）国家政治发展对职业教育政策变迁影响深远

国家在制定教育政策的过程中要考虑当时的社会发展状况、法律制度及教育现状。教育政策是教育工作开展的宏观指导和行为依据，在教育政策制定及实施过程中，政治因素会对其一直产生影响。就其本质而言，教育政策制定本身也是一种国家政治行为。新中国成立以来，职业教育政策深受国家发展战略及国家政治发展的影响，尤其高度集中的计划经济体制形塑了集权式教育管理体制，随着社会主义市场经济的建立，中央逐步下放职业教育举办权，职业院校也拥有了一定的办学自主权；反之，特定时期的政治发展也会阻滞职业教育政策的制定和执行，并对后续发展产生深远影响。

职业教育政策具有鲜明的话语特征。2005 年，国家出台了《国务院关于大力发展职业教育的决定》，这一文件的颁布实施标志着职业教育政策话语权从原来的以经济话语为主，逐渐向以社会、伦理、公共管理等话语为主转变。这份文件明确提出，要加快推进职业教育发展，将职业教育发展与维护社会稳定、推进文化建设、促进就业、消除贫困等紧密结合起来，特别提出国家要给予西部职业教育发展以足够重视，充分发挥东部发达地区对西部职业教育的带动作用，建立贫困生助学制度，加大对中等职业学校的贫困生资助。要采取助学金、学费减免、奖学金等多种办法，确保贫困家庭学生能够接受职业教育，更好地促进教育公平公正①。2010 年，国家出台了《国家中长

---

① 《国务院关于大力发展职业教育的决定》，国发〔2005〕35 号。

期教育改革和发展规划纲要（2010—2020 年）》，明确指出在重视发达地区职业教育的同时，还应该注重教育的公平性，大力推进贫困地区职业教育发展，给予民族地区职业教育足够重视，加大对民族地区职业教育投入，夯实民族地区职业学校基础设施建设，向民族地区职业教育领域输送高层次人才。

由上可知，这一阶段国家非常重视职业教育功能性的发挥，不仅关注职业教育的经济功能，也开始重视职业教育的社会功能，看到了职业教育在消除贫困、维护社会稳定中的价值。因此，国家出台的相关政策是促进东西部职业教育均衡发展，重点给予农村和贫困地区以更多的教育资源，对贫困家庭学生给予资助，保障贫困学生的受教育权，实现社会公平公正，促进和谐社会发展。《规划纲要》还明确强调，职业教育在培养学生技能的同时，还应该注重学生的品格发展，提升人才的综合素养，为经济社会发展输送高素质、高技能的优秀人才。

为充分调动学生学习的主动性和积极性，培养良好的学风校风和增强学生的创新意识，2014 年出台的《关于加快发展现代职业教育的决定》指出，既要关注学生的技能培养，也要关注学生的道德素质培养，在课程设置上要突出学生综合素质的提升。同年出台的《现代职业教育体系建设规划（2014—2020 年）》指出，要进一步强化职业学校的德育工作，将德育教育纳入职业教育体系规划，切实提升职业道德教育效果，并采取多措并举的形式将德育教育与课程体系紧密结合①。

健全职业教育人才培养质量评价制度，将德育教育纳入考核指标，真实反映国家政策对人才培养质量的关注，既注重学生的职业能力，又关注学生的职业道德，这也反映出了政策话语权的转换。因此，政府要充分发挥自身的职能和作用，加强对职业教育的监督引领和保障工作，积极鼓励社会力量参与职业教育发展之中，鼓励社会力

---

① 《教育部等六部门关于印发〈现代职业教育体系建设规划（2014—2020 年）〉的通知》，教发〔2014〕6 号。

量参与职业教育办学管理和评价整个过程，加强对职业教育的行业引导，注重发挥用人单位和行业的作用，引导第三方参与职业教育评估①。

与此相呼应，文件要求，职业院校应从构建和完善学校、行业和企业共同参与的理事会制度入手，不断加强行业指导，加强监督评估，构建职业教育行业指导体系，完善督导评估办法，扩大职业学校自主招生权，建立健全职业院校人才培养质量的自我诊断与改进制度，并建立约束激励机制。

上述政策的出台反映了政治发展对职业教育政策变迁的促进作用，新中国职业教育政策具有明显的政治导向，如更加体现公平，鼓励职业学校自主办学、社会参与职业教育发展，注重提高职业教育质量等。

（二）经济社会发展为职业教育政策变迁奠定了基础

从本质上解读教育政策，可以将其视作一种政治行为，代表的是国家的整体利益，因此教育政策的制定会受到当时特定的经济社会发展的影响。一个国家的经济发展水平和经济实力会直接影响教育政策的制定和实施。职业教育具有明显的职业性，这也就决定了职业教育政策制定要符合当时的经济发展情况，致力于为国家经济建设输送生产、建设、管理、服务等各领域的高素质技术技能型人才。职业教育本身具有技术性特征，这也成为其人才培养和专业建设的优势，决定了职业教育人才培养的方向，并在人才培养过程中实现劳动力综合素质和技术能力提升的目标。

职业教育发展还与市场需求有紧密的联系，职业院校应该按照市场需求不断地转变办学理念。发展和提高经济水平是职业教育的基本任务，比如新中国成立初期，国家为了恢复经济发展，出台的职业教育政策主要是为经济发展输送合格的劳动力。1978 年改革开放后，职业教育政策主要是引导职业院校为企业输送高素质的服务生产一线的技术技能人才，这一时期颁布的职业教育政策也从侧面印证了这

---

① 《国务院关于加快发展现代职业教育的决定》，国发〔2014〕19 号。

一点。

首先，职业教育发展与经济恢复和发展具有正相关关系①，从教育与经济关系、教育投资与教育财政等方面都可以看出教育政策为经济服务的显著特征。一方面，教育对经济具有促进作用；另一方面，教育要与经济发展相适应。特别是新中国成立初期对职业教育进行的一系列改革，充分发挥了职业教育的特点和优势，为国民经济恢复和发展提供了大量的专业技术人才。同时职业教育对于促进和谐社会建设、提升国际地位方面也具有重要现实意义，职业教育变革应主动适应经济发展变化，对教育资源进行合理配置，充分发挥市场机制在职业教育改革中的作用等。

其次，职业教育发展需要教育经费作为支撑。一段时期以来，政府鼓励社会各界参与职业教育发展，并鼓励为职业教育捐资助学，中央财政还重点支持农村和西部地区职业教育发展。同时在教育投资与管理方面，各级政府按照国家相关政策要求给予职业教育必要的培训经费，并充分发挥自身职能和作用，不断加大职业教育经费支出。各级政府要严格使用职业教育经费，要落实教育经费相关制度，真正地将教育经费落到职业教育实处，避免教育经费挪作他用②。

最后，随着市场经济逐渐完善，职业教育的体制、机制也应进行改革，从市场经济发展角度出发，职业教育也要积极探索多种所有制并存的办学体制。同时，建立更为公平的职业教育投入保障机制，完善资助制度，确保各类人员都能够接受职业教育。

（三）这一时期全球化进程加速客观上推动职业教育政策变迁

新中国成立之后，开始"另起炉灶"实施更为主动的外交政策，积极打破西方的外交封锁。改革开放以来，中国政府都积极拥抱世界，不断加强与世界各国的交流和合作，为我国职业教育发展积极营造良好的外部环境。特别是经济全球化背景下，中国经济已经融入世

---

① 唐春、唐建华：《教育治理体系与治理能力现代化研究》，《重庆电子工程职业学院学报》2014 年第 5 期。

② 教育部财政司、国家统计局社会科技和文化产业统计司：《2014 中国教育经费统计年鉴》，中国统计出版社，2015，第 102 页。

界经济体系。国际经济互动也加速了我国其他领域与世界友好国家的交流和互动，国际环境对中国经济社会发展的影响也越来越深刻，国际大环境对中国的职业教育发展也产生了深刻影响，特别是在加入世界贸易组织之后，我国职业教育迎来了新的发展契机。在借鉴和吸收西方发达国家职业教育理念的基础之上，国家大刀阔斧地对职业教育进行了改革和创新，各职业教育主体与其他国家也加强了学术交流和合作，国际的学术交流和合作也影响着我国职业教育政策的制定和落实①。

20世纪90年代初，西方国家提出了全球化理论，到了90年代中期，中国学者开始关注全球化对中国政治经济发展的影响。知识全球化和经济全球化是全球化的重要体现，从某种意义上讲，全球化就是知识经济发展的必然结果，全球化作为一种社会潮流，对中国经济社会发展产生了越来越重要的影响。然而，"全球化意味着我们整个社会所有机构包括我们的学校、工作岗位、信仰和政府在内的全面社会性大转型"②。在经济全球化背景下，中国在推进职业教育改革和发展过程中必然要参考这一现实背景，也必然会从全球化视角出发探讨如何优化职业教育政策，形成更适合新中国职业教育发展的政策体系。全球化潮流对世界各国的教育都产生了不同程度的影响，而且会随着全球化进程的不断加速产生更为明显的影响。

职业教育领域的对外开放也是大势所趋，职业教育如何在全球化背景下获得持续不断的发展动力值得人们关注和思考。中国的职业教育也不可避免地受到了全球化的洗礼，这使得职业教育既迎来了新的发展机遇，但也将面临更为严峻的挑战。此外，我国的职业教育与西方发达国家的职业教育相比还存在一定差距。一方面，新中国职业教育起步艰难，发展时间短，曾经遭受挫折，经验不足，发展水平参差不齐；另一方面，东西部经济发展有差异，经济发展不平衡，导致了

---

① 徐兴旺、黄文胜：《论当代中国高等职业教育发展的新趋势》，《中国职业技术教育》2015年第32期。

② 特茨拉夫：《全球化压力下的世界文化》，吴志成、韦苏，等译，江西人民出版社，2001，第7页。

职业教育发展不平衡、不充分问题显著，有的老少边穷地区职业教育资源尤其匮乏。

从历史制度主义角度看，全球化对职业教育领域的影响也十分显著，这是导致我国职业教育政策变迁的一个非常重要的外生变量。从现有的研究看，我国当前职业教育应对全球化的理论准备不足，对于这一问题，需要给予认真的审视和对待。当前，中国正在从中国制造向中国创造转型，中国与西方国家的经贸摩擦也提醒我们在经济全球化浪潮中还需要不断地调整自身定位。面对经济全球化的挑战，全球产业结构正在快速调整和升级，同时科技力量迅猛发展，正在改变中国人民和世界人民的生产生活方式。产业升级和产品质量提升对劳动者的技术能力和综合素质都提出了更高要求，对包括职业教育在内的人才培养工作和人力资源开发工作都提出了更为严峻的挑战①。综合上述分析，不难看出在经济全球化背景下，中国职业教育政策的制定面临着更多的挑战，具体体现在以下方面：

第一，经济全球化对职业教育人才培养机制的挑战。开放包括职业教育在内的教育市场是全球化影响的最深刻表现之一，虽然客观上能一定程度地促进我国职业教育的发展，但相较西方发达国家而言，国内的职业教育市场化程度不高，难以与国外优质职业教育资源相匹敌。一方面，国外职业教育通过提供优质的职业教育资源吸引和抢夺国内生源。另一方面，国外优质职业教育资源凭借与国内相关院校或机构合作进入我国职业教育市场办学，这些都会在一定程度上冲击和挤压国内职业院校的生存和发展空间。作为技术技能人才培养的实际承担者，职业院校要主动思考应对全球化的策略，要尽快地从满足于规模扩张转变到练好内功、提升自身内涵质量建设上来，正确地处理人才培养与企业需求的关系，加强与国内外优质职业教育资源的合作，不断提高职业教育服务社会能力②。相较而言，国内的职业培训市场发展还不够成熟，存在薄弱环节，这也是当前我国职业教育的短

---

① 吴雪萍：《国际职业技术教育研究》，浙江大学出版社，2004，第56页。
② 陈工孟：《中国职业教育年鉴（2018）》，经济管理出版社，2018，第67页。

板之一。当前国内的职业院校还要结合经济全球化的发展趋势，着重处理好职业教育人才培养与技术技能培训的关系。

第二，职业院校人才培养与疫情前"同质等效"的要求成为现实挑战。在后疫情时代背景下，世界经济重振和发展依然困难重重，职业教育人才培养方式面临变革，基于信息化手段开展远程教育已成为职业教育的一种重要方式。如何确保职业院校人才培养与疫情前"同质等效"，这是一个现实挑战。在疫情防控常态化背景下，我国政府在职业教育信息化方面的紧迫感日益增强，如何进一步加大投入力度，使信息技术手段及基础设施相对落后的局面有所改观就成为亟待解决的问题。此外，国家还需对职业教育政策及时修订完善，有效推进职业教育领域信息化手段的普遍运用，确保职业院校人才培养与企业的现实需求高度契合。

第三，在新的国际国内大环境下，重塑职业教育人才培养工作面临挑战。处在"百年未有之大变局"的当下，职业教育政策不能仅关注劳动者掌握必要的专业知识和技能，还应加大培养劳动者的创造力，注重培养良好的个人品格和思想素质，构建全新的职业教育课程体系，更新教学内容，优化教学设计，培养更多的高素质的专门技术人才。

（四）科技进步引领职业教育政策调整

职业教育作为教育事业的重要组成部分，为国家经济社会发展培养了大量的科技型、技术型、实用型人才。适应技术进步与职业变迁是现代职业教育发展的必然选择。科学技术在当前经济社会发展中实用性的功能更为凸显，而这一功能也是推动职业教育政策变迁的潜在动力。在人类社会发展进程中，科学技术的发展推动着人类生产生活方式的不断变化，特别是机械化和自动化为现代化的生产创造了有利条件，同时也对劳动者提出了更高要求，只有具备一定技术水平和技能知识的劳动者才能适应现代化生产需要，这就要求劳动者在生产实践过程中时刻保持学习力，提升责任感，并具备一定的应变能力。生产方式的现代化要求从业人员能够胜任不同的职业，加速了劳动者在不同职业间的流动，这一情况也从客观上推动了职业教育政策、教学方式方法和课程体系的改革和创新。传统的普通教育具有稳定性的特征，难以紧跟科技进步的步伐，也难以及时地为劳动力市场输送人才。

科学技术的发展和进步加速了社会分工，职业岗位迭代和细化不可避免，深刻地影响了各个行业从业者的生产经营、管理理念及具体实践，当前越来越多行业都需要具备一定水平的管理人才和信息技术方面的专业人才。这就需要职业教育发挥灵活性和针对性强的特点，针对市场需求提升学生各方面素质，从而为学生顺利就业创造有利条件①。计划经济时期，科学技术发展受到了严重限制，能够在社会生产中发挥的作用十分有限。从表面上看，生产力水平的提升依赖于劳动者的经验积累；从宏观层面看，生产力水平的提升依靠国家政策的推动。改革开放之后，国家高度重视科学技术的发展，并将其作为重要战略加以落实，在科学技术推动之下，生产力水平有所提升，相应的社会生产需要新的变革，在变革过程中需要大量技术技能型人才补充新的工种及新的工作岗位。

职业教育政策要更加注重培养学习者终身学习的自觉性。通过厚植人文底蕴和综合素养，使受教育者养成健全的身心和塑造完美人格，从而有效提高他们的岗位适应能力和应对社会挑战的能力，实现个人的全面发展。同时，随着中国经济社会高质量发展成为常态，职业教育可以通过提升劳动者的能力和素质从而推动经济社会发展。企业对劳动者的能力和素质水平也提出了更高要求，这也要求职业教育政策跟随时代发展不断调整，更好地引领职业院校人才培养思路，主动适应科学技术发展提出的人才培养需求。

（五）社会文化心理结构影响职业教育政策变迁

教育与文化发展密切相关。纵观中华文化发展史，有很多重教兴学的典型案例，但在封建社会这种做法主要是为了求取功名利禄，通过接受系统的私塾教育来考取功名，也就是说求学的目的不是为了生

---

① 沈超：《就业·收入·和谐——职业教育与经济社会和谐发展》，中国经济出版社，2006，第37页。

产生活，而是为了做官。在诸如"万般皆下品，唯有读书高""坐而论道""学而优则仕"的传统思维的影响下，技术技能被视为"奇技淫巧""旁门左道"，很多技术熟练的手工业生产者用以谋生的手段不被当时主流社会所接纳和认同。新中国成立后，国家先后出台政策革除这种历史弊端，并通过教育结构改革推动了职业教育发展。但是，中国共产党人是在饱受战争摧残的一片废墟上开始新中国建设的，其难度可想而知。新中国初期，我国的教育模式受到苏联影响，一定程度上促进了当时职业教育的发展。但是照搬苏联模式的弊端就是新中国教育结构单一，难以适应经济社会发展需要。另外，新中国成立后很长一段时间是以计划经济体制为主，对各类教育发展规模控制得较为严格。随着改革开放的不断深入，教育外部环境剧烈变化，高等教育进入大众化阶段后，高等教育大众化，最为外在化的特征是高等教育规模的扩张，而更为内在性的特征则是高等教育结构与体系的变革。与此同时，一系列职业教育政策推动职业教育尤其是高等职业教育得到迅猛发展，进一步改善了职业教育结构和专业布局，为职业教育快速发展创造了有利条件；高等职业教育的大力发展也满足了高等教育结构优化的现实之需。在看到职业教育取得长足发展的同时，也应该理性地看到当前社会大众并没有对职业教育与高等教育一视同仁的现象。社会追捧高考状元无可厚非，但冷落职业院校培养的技术人才却令人深思。这里面的原因是多方面的，学而优则仕、重文轻技的传统思想对中国职业教育发展产生的负面影响是重要原因[①]。因此，职业教育更应该在国家政策引导下，不断提升自身服务地方、服务行业、服务企业的能力，不断提升职业教育的吸引力，用扎实的改革、优异的办学业绩和过硬的人才培养质量，改变社会上轻视职业教育的思想观念。此外，国家应出台政策，大力地宣传引导全社会都尊重劳动、尊重知识、尊重人才、尊重创造，在全社会营造崇技尚能、创造良好的社会风尚，给予职业技术教育与技术技能型人才应有的地位和尊重。

---

① 陈青之：《中国近现代文化思想学术文丛——中国教育史》，中国书籍出版社，2016，第63页。

二、内生性变量在职业教育政策变迁中的作用

外因只有通过内因才能够发挥自身的作用。职业教育只有对外部的政治、经济、社会等影响因素进行真正的消化，才能够将其作为推动自身发展的动力。职业教育政策变迁的核心力量是内生性变量，内生性变量决定了职业教育政策变迁的具体方向和具体内容。近年来，职业教育政策文本数量增加、主题日渐丰富，这说明中国对职业教育政策内容的关注越来越细化，职业教育政策越来越注重实效性，也更具针对性，更加贴近职业教育政策的目标。

（一）职业教育实习政策是职业教育理论与实践相结合的产物

职业教育实习政策作为一种新的政策主题，体现了职业教育理论与实践相结合的典型特征。职业教育理论教学与社会实践偏离是制约职业教育质量提升的关键因素之一，为此，政策指出应加强职业教育实习工作的开展，体现了职业教育政策的针对性。相应地，国家层面也出台了一系列有关如何加强职业教育实习管理的办法、条文、规范等。例如，2005年《国务院关于大力发展职业教育的决定》中指出，"建立职业教育教师到企业实践制度，专业教师每两年必须有两个月到企业或者生产服务一线实践。企业有责任接受职业学校学生实习和教师实践"①。《中等职业学校学生实习管理办法》（2007）、《教育部办公厅关于应对企业技工荒进一步做好中等职业学校学生实习工作的通知》（2010）、《职业学校学生实习管理规定》（2016），这三份文件都对职业教育实习管理做出了细致的规定，为在实践中优化职业教育实习管理提供了有效参考和依据。且从针对的院校来看，体现了不同层次职业教育管理的特殊性，这也大大增强了政策的针对性和目的性，这种政策的颁布形式更利于解决现实中的问题。

（二）职业教育政策反映了职业教育功利性、人本性和文化性目标

当前不同学者的职业教育价值取向还存在个人本位和社会本位争

---

① 《关于大力发展职业教育的决定》，国发〔2005〕35号。

论，个人本位更加强调个人价值，社会本位更加强调个体的社会化。因此职业教育政策反映了职业教育功利性目标、人本性目标和文化性目标等价值取向①。

功利性目标是指国家希望发展职业教育推动经济社会发展。从微观层面看，个体接受职业教育，能够确保个体具备从事某一岗位的基本职业技能，最终个体在社会上实现体面就业。发展职业教育能够为经济社会发展提供人才保障，有利于开发人力资源，提升劳动者整体素质；同时还有利于优化国家的人才结构，提升国家的综合实力②，因此，我们要因势利导地支持职业教育发展。个体只有在社会上实现了就业的目标，才能够获得最大的安全需要，职业教育就是帮助个体掌握必要的就业技能，并为其提供上升的空间。因此职业教育才得到了劳动者的欢迎和认可，他们才愿意支付相应的费用接受职业教育。

人本性目标是指职业教育应该坚持教育公平发展原则，指导个体实现全面自由发展。坚持公平发展原则强调的是职业教育的公平属性，职业教育接纳范围非常广泛，受教育者既可以来自农村和城市低收入家庭，也可以是社会中的高阶层人士，这就体现了教育的公平性③。发展职业教育有助于提升弱势群体的社会地位。通过职业教育能够让每一个个体都享受到公平的教育机会，从而实现自食其力，改善生活质量，发展自身能力，这是职业教育的重要目标。

文化性目标是指要通过系统的教育引导受教育者形成正确的价值取向和道德观念，具备一定的判断和选择能力。通过职业教育引导受教育者学会做人做事，这不仅有利于他们未来的发展和成长，也有利于提升国民素质，提升国家综合实力。职业教育同时承载着传承和发

---

① 姚树伟、谷峪：《职业教育的文化建构与治理优化——基于"同心"理念》，《社会科学战线》2014 年第 4 期。

② 姚媛：《中国社会工作职业化的制度分析——一个历史制度主义的分析框架》，硕士学位论文，浙江师范大学，2014。

③ 刘洪一、李建求、徐平利：《中国高等职业教育改革与发展研究——以深圳职业技术学院为例》，高等教育出版社，2008，第 63 页。

展职业文化的重要目标和使命①。长期以来，我国都是以农业为主导的国家，我国的职业教育相应地起步较晚，现代职业教育与西方国家职业教育相比还存在一定的差距，新中国现行的职业教育体系还存在很多不足。当前我国职业教育正处于政策调整期，需要提升职业教育的文化自觉和文化自信，充分发扬职业教育的文化创新力，构建更为开放自信的职业教育生态环境②。

三、行动者变量在职业教育政策变迁中的作用

作为新制度主义政治学的一个重要流派，历史制度主义不但提供解释公共政策和政治行为的制度分析框架，而且还据此提出了相应的制度生成理论。历史制度主义运用的分析方法主要以制度为自变量，从利益相关者角度，分析制度存在正常时期制度、观念、利益相互作用所造成的某种政治行为③；以行为作为自变量，对制度存在正常时期行为、观念、利益相互作用所形成的功能变化，以及制度的演进进行分析；以行为作为自变量，对制度断裂的关键节点时期的行为、观念、利益相互作用造就出来的新的政治制度进行分析，而这种新生成的政治制度，又会进入制度存续的正常时期，循环往复地形成制度断续性的平衡，而这种断续性的平衡也是制度演进的一种体现。因此，可以从政府、学校、学生和企业等行动者变量角度集中考察社会经济、政治权力等的不断变化，可借助行动者对政策度的重新解释，建立新的政策目标，赋予政策新的功能，实现政策变迁。

（一）政府是推动职业教育政策变迁的重要主体

随着经济体制改革的不断深入，国家也加大了包括职业教育管理体制改革在内的多领域的改革，这也是国家教育改革的重要方面。从

---

① 周建松、唐林伟：《高等职业教育校企合作长效机制研究》，浙江工商大学出版社，2014，第125页。

② 武智、孙兴洋、赵明亮：《教育生态学视域下高职教育内涵式发展对策研究与实践》，《黑龙江高教研究》2018年第4期。

③ 姚树伟、谷峪：《职业教育发展动力因素分析及机制优化——基于利益相关者视角》，《现代教育管理》2013年第12期。

职业教育政策演变的历程可以看出，国家逐渐下放职业学校办学自主权就有一个政策演进变迁的过程。如《中共中央　国务院关于深化教育改革　全面推进素质教育的决定》（1999）指出，要将高等职业教育和部分专科教育权力下放给省级人民政府，省级人民政府对职业学校和高等专科学校依法进行管理①。2000 年，国务院又将高等职业技术院校设立权限下放给省级人民政府，在这一过程中，"自上而下"的强制性政策变迁仍然是推动职业学校发展的主要因素，但"自下而上"的渐进性职业教育政策变迁也对新中国职业教育改革产生了广泛影响。

政府通过政策调整为职业教育提供发展经费的形式主导了职业教育发展，职业教育在政府的强势介入之下获得了强大的发展动力，但同时职业教育的公共资源配置和话语权都无可争议地长期掌握在政府手中，政府通过制定政策决定着职业教育的发展方向②。政府作为宏观调控者，以政策立法等多种形式协调职业教育机构、院校与企业、社会组织、行业协会之间的关系，通过出台一系列宏观政策规划的形式影响着职业教育发展方向。此外，国家还扮演着职业教育监督者的角色，在政府政策督导之下，国家确保了广大民众能够公平地接受职业教育，切实保障了弱势群体的教育权利，同时也推动了职业教育的健康可持续发展。

在职业教育政策制定主体层面，新中国成立后，国家级的职业教育政策的制定以国务院和教育部为主，且颁布的相关政策具有显著的时代性特征。从宏观层面来看，职业教育政策的制定与颁布为促进职业教育事业发展做出了积极贡献；从微观层面来讲，职业教育政策是职业教育体系健康持续发展的重要保障，也为不同时期职业教育的发展指引了方向。教育部在职业教育政策体系建立中占有核心地位，大部分职业教育政策都需要教育部的主导和参与。教育部职业教育与成

---

①　《中共中央　国务院关于深化教育改革全面推进素质教育的决定》，中发〔1999〕9 号。

②　胡宁生：《国家治理现代化：政府、市场和社会新型协同互动》，《南京社会科学》2014 年第 1 期。

人教育司主要负责职业教育政策的制定与推进实施，并且在职业教育政策规定范围内主要负责牵头推进职业教育改革和面向职业院校组织实施教育评估工作等。除了教育部门以外，财政部门在职业教育政策颁布中也发挥了十分重要的作用，这主要是因为职业教育政策的推行离不开财政资金的支持，纵观新中国职业教育的发展历程，财政部门在推进职业教育发展中为其提供了许多政策支持和资金支持，奠定了新中国职业教育发展的物质基础。此外，财政部门也会为职业教育提供助学金政策等，体现了国家对农村职业教育和贫困学生的支持和关怀。

（二）学生的需求变化对职业教育政策变迁的影响

职业教育发展离不开学生，学生的需求变化是职业教育政策变迁的重要影响因素。从学生角度看，学生希望通过职业教育获得一定的职业技能和从业能力，以顺利地实现就业，获得相应的经济收益，提升社会地位。因此，职业教育应该围绕学生就业需求调整政策，并将学生需求作为职业教育最有效的需求加以对待。

学生希望通过接受职业教育得到社会的认可，获得工作岗位，不同层次的学生需求也存在一定的差别，但从总体上看，学生接受职业教育的需求主要集中在三个层面。首先，为初次就业做准备。这一阶段，学生对于就业和职业了解得还不够清晰，因此职业学校既需要加强对学生职业技能的教育培训，也需要引导学生树立正确的职业意识，在具体培养过程中为学生提供就业辅导、求职辅导、职业生涯规划、推荐就业等相关服务，提升学生对职业教育的满意度①。同时接受职业教育的学生也应对职业学校的课外活动、师生关系、安全保障等问题给予足够关注。其次，学生有转换职业需求。这一阶段，学生已经在某一岗位工作一段时间，对当前的职业或职位表现出了不满意，要通过职业教育获得新的职业技能，从而能够顺利地转换到其他职业或岗位上。这些学生更加关注接受技能培训之后的新的择业前

---

① 沈超：《就业·收入·和谐——职业教育与经济社会和谐发展》，中国经济出版社，2006，第37页。

景，关注新岗位的收入情况。最后，希望提升自身职业能力。这一阶段，学生已经在岗位上经过了一段时间的锻炼，但希望继续提升自身能力，这时他们非常注重职业教育课程质量，关注职业教育培训内容与自身职业能力提升之间的关系，希望通过职业教育满足自身继续发展的需求。以上这些需求，都会促使职业教育政策的修订和完善。

在社会主义市场经济高质量发展的背景下，中国职业教育体系还很难满足学习者终身学习的需求。学生对于终身学习的需求越来越强烈，对传统职业教育体系功能单一的状况提出了改变的诉求，这也会有效地推动职业教育政策的变迁。国家出台的相关政策，引导职业院校不断完善自身的办学定位和服务学生终身学习的办学功能，主动地与企业合作，进一步革新教学内容，引入职业培训内容，扩大职业教育服务范围。同时支持社会培训机构发展，为有需求的职场人士提供内容丰富、形式多样甚至是菜单式的职业教育培训服务。

（三）学校对职业教育政策变迁的影响

专业目录是高职院校专业设置的重要参考，但也在某些方面限制了高职院校专业设置的自主权，因此，需要不断地进行修改和完善。比如，2004 年国家出台了《普通高等学校高职高专指导性专业目录（试行）》，随着职业教育的发展，2015 年，国家又颁布了《普通高等学校高等职业教育（专科）专业目录》，对之前的专业目录进行了修改①。为构建更为完善的职业教育人才培养体系，一些高职院校依托专业目录与中等职业学校和本科应用型高校同类专业进行人才培养模式探索，推出了"3+2"专本贯通分段培养模式、"3+2"中高职贯通培养模式等。江苏省还鼓励符合条件的高职院校和本科院校开展高职与本科联合培养项目（"4+0"联办本科）、高职高专院校与普通本科高校"3+2"分段培养，组织高职院校和中职院校开展"3+3"中高职分段培养项目，还鼓励中高职院校开展校际"3+3"合作，这些

---

① 《教育部关于印发〈普通高等学校高等职业教育（专科）专业设置管理办法〉和〈普通高等教育学校高等职业教育（专科）专业目录（2015 年）〉的通知》，教职成〔2015〕10 号。

都是构建现代职教体系的生动实践和有益探索。

随着产业分工的不断细化及不同的市场需求，职业院校在专业设置上应该形成政府、高职院校和市场主体多元参与，能够动态调整的新专业设置机制①。国家大力倡导和鼓励高职院校结合本地经济社会发展实际，开设了一批特色专业，用于培养本地区和地方企业急需的技术技能人才。可见，学校对职业教育政策的变迁也是能够产生影响的。

（四）企业对职业教育政策变迁的影响

职业学校的成立和发展既有教育自身的要求，也有政府的推动，但最核心的力量是产业结构调整和经济发展的内在需求。当前高职院校举办的主体除了各级政府以外，还有企业、民营教育机构和民间资本等社会力量。这些职业院校成为技术技能人才培养任务的主要承担者和企业人力资源输入的重要渠道。一方面，这要求职业学校在人才培养过程中紧跟企业发展需求，主动对人才培养模式、课程体系、课程内容及时地进行动态调整，注重对学生综合素养的培养和技术技能的淬炼，从而为企业输送大量高素质的技能型人才。另一方面，企业能从职业学校及时补充人力资源，成了职业学校人才的主要就业渠道。从公共经济学角度看，企业分担了职业教育的成本，缓解了政府压力，推动了职业教育发展，但从长远看，由于相应的用人机制还不够完善，容易让企业形成无偿用人的惯性思维。

现行的职业教育政策对企业参与职业教育缺乏强制性，加之企业技能型人才无序流动也容易给企业带来不必要的损失，企业作为职业教育主体的合法权益难以得到法律的保护②。因此，企业并不愿意承担过多的职业教育成本。

在计划经济体制下，我国部分中专和技工院校很多都是由国有大中型企业兴办，并得到了国家的政策保障。而到了90年代，部分国

---

① 陈玺名：《职业教育校企合作中的计划与市场》，《现代教育管理》2015年第1期。

② 雷世平、姜群英：《试论公共财政视域下的农村职业教育供给》，《职教论坛》2015年第1期。

企因处于亏损或半亏损状态，已无力向学校支付办学经费。总体上看，实行合资和股份制后，国有大中型企业不再承担中专和技工学校的经费，原国企投资的职业学校处于财政"断奶"状态①。因此，按照国家相关政策，国有企业逐渐从职业教育领域退出，部分职业学校也进行了社会化改革。当前企业与职业学校进行合作，更多是以联合开展技术攻关的方式进行，学校从企业获得所需要的资金和资源，而企业能够从职业学校获得技术成果和服务，这使得职业学校与企业结合得更为紧密，同时也符合企业发展需求②。

综上所述，职业教育政策变迁并不是由一个变量因素决定的，而是多个变量因素共同构成政策变迁的动力，这些变量之间也相互影响，并形成一个循环过程。其中社会需求和个人需求是职业学校政策变迁的核心动力，对其他变量产生影响，同时也受到其他变量的影响。

第二节　新中国职业教育政策变迁的路径依赖

从历史制度主义视角来看，路径依赖就是某个特定的历史时期做出的关键选择会对事态的发展产生重大影响，进而使整个事态会一直带有关键选择的某些特征。这就意味着，某个国家在某一历史时期进入特定的发展轨迹之后，虽然会在经济社会发展过程中出现新的变迁，但这种变迁会表现出强烈的继承和特征的自我强化。由于退出成本过高，仍然会维持原有路径，不会贸然地选择其他路径③。在这一过程中一旦退出现有路径，将会导致政策成本不断上升，政府、学校和企业等行动者也会在理性思考之后，既有对原有政策的扬弃，也有

---

① 牛征：《中国职业教育投资的问题与对策》，《山东教育科研》2002 年第 8 期。

② 祁型雨：《利益表达与整合：教育政策的决策模式研究》，人民出版社，2006，第 71 页。

③ 贾建国：《我国高等职业教育制度的改革与创新——基于相关利益者的视角》，《职教论坛》2009 年第 15 期。

对现有选择的继续维持。

一、政府理性选择与职业教育政策变迁

按照历史制度主义的观点①，要想解决新中国职业教育政策变迁存在的路径依赖问题，就需要结合新中国职业教育发展实际需要，推动制度创新。由于这种体系运行与外部环境之间存在着复杂关系，互动过程中还受到多种因素变量的影响，这就造成了教育制度变迁具有妥协性、模糊性和突变性的特征，既需要外部因素的支持，也需要内部因素的主动作为，在冲突和互动中才能够为制度变迁提供动力。制度变迁动力也来源于替代、层叠、漂移和转换。

可见，新中国职业教育政策变迁存在明显的路径依赖问题，政府对职业教育政策制定具有绝对权力，决定了职业教育的发展走向。在当前的制度背景下，政府、企业、职业院校能够通过协调效应、学习效应、构建成本、适应性预期等多种方式获得回报，而且这种回报还具有一定的递增性。对于行动者而言，在能够获得回报的背景下，更不愿意打破现有的制度约束②。加之，在职业教育市场化不健全的背景下，还存在信息回馈不对称、变迁回报不对等等诸多不确定因素，因此行动者本身更不愿意从原来的路径中走出来，导致原来的路径会不断地演进下去，甚至出现路径锁定问题③。政治因素对职业教育政策变迁主要从两个方面产生影响。一方面，职业教育政策目标制定受到政治因素的影响，任何政策制定都带有一定的目标性，否则这一政策制定就失去了实际价值和指导作用，也难以得到贯彻和落实。另一方面，政策的产生包括提出问题、确定目标、拟订方案、评价方案、选择方案和方案合法化等多个阶段④，政治因素对职业教育问题能否

① 潘懋元、朱乐平：《高等职业教育政策变迁逻辑：历史制度主义视角》，《教育研究》2019 年第 3 期。

② 潘懋元、朱乐平：《高等职业教育政策变迁逻辑：历史制度主义视角》，《教育研究》2019 年第 3 期。

③ 任雪园、闫广芬：《我国职业教育行业企业办学的历史变迁与制度逻辑——基于历史制度主义的分析范式》，《中国职业技术教育》2021 年第 3 期。

④ 孙绵涛：《教育政策学》，中国人民大学出版社，2010，第 3 页。

进入政策决策议程及最终方案的选择具有决定性影响。从这个意义上说，职业教育问题只有经过了政治过程，才能被决策者所关注，才能结合具体的问题制定出台具体的政策。

（一）政府日益重视职业教育的功能性

新中国职业教育政策变迁体现了社会发展和职业教育自身发展的结合，这与推进职业教育现代化建设的根本目标是一致的。职业教育政策一直为职业教育活动的开展提供宏观指导，近年的职业教育政策越来越具体，在针对性、目的性和操作性等方面明显增强。比如，多种类型政策主题的出现，反映出国家越来越重视职业教育的全方位发展。具体来说，随着社会的不断发展，出现了新的职业教育政策主题。2005年以来，伴随着《国务院关于大力发展职业教育的决定》的出台，职业教育发展备受关注。实习、农村、助学金等主题表明国家对产教融合、农村职业教育发展等的关注。有关实习、助学金的政策内容也相继出现①。例如，2010年中国沿海地区出现了大面积的技术工人短缺，为了缓解"用工荒"，从源头化解人才供需矛盾，教育部办公厅颁布了《关于应对企业技工荒进一步做好中等职业学校学生实习工作的通知》，表明职业政策越来越注重引导职业院校注重实用型技术技能人才的培养，尤其注重理论与实践的衔接，加大学生到企业实习力度，提升人才的实践能力。通过设立助学金等激励性政策，说明职业教育更加关注贫困学生群体，吸纳更多的学生进入职业学校学习，提升贫困生的入学率，彰显教育的公平公正②。现阶段的职业教育改革，其目的是让更多的人接受职业教育，掌握知识和技能，尤其是职业教育在农村地区的发展，有利于将农村人口优势转化为人力资源优势，助力脱贫攻坚，实现全面小康，促进经济繁荣和社会的稳定发展。

（二）政府更加注重职业教育投入

职业大学在我国职业教育体系中扮演着重要角色，国家因此出台

---

① 《国务院关于大力发展职业教育的决定》，国发〔2005〕35号。

② 王迎、魏顺平：《近十五年我国职业教育政策文本计量分析研究》，《中国职业技术教育》2012年第12期。

了支持职业大学发展的政策，并进一步加大财政支持力度。回溯职业大学兴办的历史，不难发现，随着经济社会的发展，很多地方都创办了职业大学。一般而言，职业大学在办学层次上属于专科层次，从管理体制上来说，归市一级管理的居多。可以说，地方市级政府大都是职业大学管理的主体，为职业大学建设发展提供资金支持，并在土地划拨、校区建设和编制配比方面给予政策倾斜。国家层面，20 世纪80 年代，我国从世界银行争取到 3 500 万美元贷款，将其投入 17 所职业大学建设之中，推动了我国高等职业教育的快速发展。由地方政府创办的职业大学，采取属地行政统一管理体制，其优势在于能够充分发挥地方政府的宏观调控职能，经费由地方政府予以保障，能够统筹兼顾各方面关系。但由于中国各地经济社会发展水平不一，各个职业大学能够获得的经费也存在一定的差别，这就在客观上造成了职业教育发展不均衡的现状①。地方职业大学由政府进行管理，在提高管理效能的同时，也导致了职业大学内部管理行政化比较严重。

（三）政府重在参与协调与统筹

政府在职业教育校企合作中发挥着重要作用，同时也是推进校企合作制度改革的领导者，校企合作制度改革涉及多个主体，因此，只有在地方政府的领导之下，才能够组织和动员各方面资源和力量，为校企合作制度改革解决遇到的各种困难和问题，因此在改革进程中需要政府不断地关注和支持②。就校企合作而言，经济因素是影响校企合作成效的最主要因素，如果没有政府宏观调控，校企合作的制度改革会进一步加剧职业教育发展的不平衡性，甚至会进一步拉大区域之间职业大学发展的差距。因此，只有在地方政府统筹职业教育发展的情况下，才能够弥补因经济因素造成的对职业教育发展的不平衡不公平，才能够有效地协调职业学校与企业之间的合作。

当前，高职校企合作改革涉及职业教育体系、职业资格制度、企

---

① 《国务院关于大力推进职业教育改革与发展的决定》，国发〔2002〕16 号。

② 唐远苏：《由企业看职业学校——职业教育管理新视角》，北京大学出版社，2007，第 56 页。

业教育制度等，因此，如果仅依靠高校或教育部门是很难完成这些制度改革的。在政府的引领之下，人力资源、工业信息化等部门参与制度改革进程，各个部门协力协同为制度改革提供规划和方案，在政府协调统筹之下加速改革进度。各地政府应结合本地自身情况成立领导小组，并要求相关单位参加，共同谋划地方校企合作制度改革的具体工作。在党委和政府的领导下，各地将校企合作发展与职业教育结构调整紧密结合，并从本地经济和人力资源开发的实际情况出发制定校企合作发展规划，在政府主导之下，相关部门按照实施方案进行落实，进而推动职业教育改革。

二、学校理性选择与职业教育政策变迁

学校在职业教育政策变迁中发挥了一定作用，在不同的政策实施阶段，职业学校的理性选择在一定程度上影响了政策的选择与执行。

（一）职业学校与高等院校之间的动态发展

新中国成立之初，全国职业学校仅有 1 174 所。《中国教育统计年鉴（2011）》数据显示，截至 2000 年，由政府教育部门和其他部门主办的职业学校 12 558 所，占所有职业学校的 85%。1996 年，国家正式出台了《中华人民共和国职业教育法》，新中国历史上第一次从法律层面确定了职业教育的法律地位，同时也标志着新中国职业教育发展进入了新阶段。新中国职业教育办学主体既包含政府部门和企业，也包含社会团体和个人。办学主体是企业的职业学校有 1 594 所，占职业学校总数的 11%；办学主体是社会团体和个人的职业学校有 778 所，占职业学校总数的 5%。2011 年，相关数据显示中国共有中等职业教育学校 13 093 所，高职高专院校 1 280 所[1]。一直以来，中国职业教育发展以服务为宗旨，以就业为导向，为了更好地服务本地经济社会发展，职业学校加强了与企业的合作，一方面，有助于提升人才培养质量；另一方面，也为学生就业寻找到新的出路。教育遵循

---

[1]　中华人民共和国教育部：《2011 年全国教育事业发展统计公报》，《中国地质教育》2012 年第 3 期。

的是适应需求的原则，职业教育更应该遵循这一原则。职业学校在自身发展的同时，需要与行业和企业在人才培养、教师培训、办学活动方面进行合作和创新，职业学校发展的需求也迫使职业学校必须在校企合作中成为主导者①，职业学校的主要领导思考的是如何与行业企业建立深层次的合作关系，如何依托企业和行业资源提升人才培养质量，而在互动过程中，企业和行业往往处于被动参与的角色，很多校企合作项目都是由职业学校发起并推动完成的。

从新中国职业教育发展的历程看，由成立得最早的不足 1 200 所职业学校到后来的上万所职业学校，职业教育发展经历了多个阶段，也遭受过曲折。但在发展过程中，职业教育所依托的办学力量或多或少都受到了高等教育的影响。党的十一届三中全会之后，国家下大力气系统解决了高等教育领域存在的众多棘手问题，尤其是在国家政策的大力支持下，多项制约发展的瓶颈问题迎刃而解，高等教育开启了新的发展征程。

1977 年恢复高考制度直接影响了职业教育的发展，高等学校凭借着师资水平高、教学质量高、学生起点高、升学率高的优势，在教育改革中赢得了更广阔的发展空间。但当时高等教育在人才培养过程中还存在着专业设置过窄过细，在教学过程中注重理论而忽视了实践，学生毕业走的是计划和包分配路径，学生学习积极性不高，课程体系与产业结构调整和经济发展脱节等问题。当时的职业教育与高等教育形成了很好的互补关系，并在与高等教育的竞争中展现了自身的优势。随着教育改革的不断推进，职业教育为适应市场需求，不断调整人才培养方向，尤其是大力发展了高等职业教育，使其成为高等教育的重要组成部分，在扩大高等院校招生规模方面做出了重要贡献。但是客观上，随着高校扩招，高等教育的规模不断发展壮大，在客观上挤占了中等职业教育的发展空间。相对而言，职业学校的生存和发展

---

① 马树超、郭扬，等：《中国高等职业教育历史的抉择》，高等教育出版社，2009，第 45 页。

空间变得越来越狭窄①。

(二) 职业学校与企业之间的良性互动

制度变迁又可分为突变性和渐进性两类，突变性的替代旧制度的有效性较低；而渐进性的替代是清除旧制度引入新制度的有效方式，是制度创新的重要契机，是解决新中国职业教育政策变迁路径依赖问题的可选方式②。新中国职业教育政策变迁始终以人才培养为核心，以校园稳定为前提，并将教学放在了重要位置。在校企合作中，市场机制发挥了重要作用，虽然职业学校与市场进行了对接，但由于市场经济要素不完整、信息沟通不完善、市场化程度不高、劳动力市场制度体系不完备和人力资本产权不确定等因素的影响，导致职业学校在人才培养上更多的是按照企业需求选择人才培养模式，根据市场变化设定人才培养目标，而没有关注学生的职业发展和职业诉求③。因此，职业学校在校企合作制度改革中应占主动地位，在关注职业学校与企业的利益的同时，也通过政策的形式确保学生的利益。

校企合作制度改革如果简单地以市场机制作为前提，势必会影响职业学校发展的前瞻性，更会注重眼前利益而丧失了职业教育的教育性本质。从历史制度主义视角看，新中国的成立为包括校企合作政策在内的职业教育政策的制定和改革提供了稳定的政治环境，增强了职业教育变迁的继承性、改革的可行性，保证了校园的稳定性。

在职业教育政策的贯彻执行过程中，职业学校与企业之间确实也存在着一定的互动，企业的诉求是职业学校进行人才培养的依据，只要能满足岗位的技术技能需求，其他能力甚至可以忽略不计。但这同样也会带来不确定性，毕竟在企业发展过程中岗位需求也会发生变化，例如，员工与企业需求存在差距就可能面临失业的风险。一旦企业根据自身需求重新招募新的员工来代替老员工，老员工由于在职业

---

① 国家教育委员会职业技术教育司：《职业技术教育文件选编：1978—1988》，生活·读书·新知三联书店，1989，第 39 页。

② 马耀鹏：《制度与路径：社会主义经济制度变迁的历史与现实》，人民出版社，2010，第 142 页。

③ 陈英杰：《中国高等职业教育发展史研究》，中州古籍出版社，2007，第 67 页。

学校接受的教育培训较为单一，很难重新在就业市场找到合适的工作。作为人才培养主体，职业学校在校企合作中更希望从自身优势出发占据校企合作主动权，但在实际运作中，无论是人才培养模式、人才培养内容，还是具体的校企合作目标或双方合作关系，大多由校企双方平等协商、自主确定。从实际情况来看，受制于多方面因素，职业学校和企业的合作，就总体而言，效果不太令人满意。

（三）职业学校之间竞争日益加剧

新中国成立后的 70 多年间，尤其是改革开放后的 40 多年间，中国职业教育得到了迅猛发展，相应的职业教育外部竞争机制也在不断完善，公平竞争有利于提升职业学校的发展质量，推动职业学校可持续发展。但从当前看，职业学校之间的竞争还存在以下瓶颈：

一是职业学校竞争机制还不够完善，缺少必要的政策环境基础及与竞争相关的规定，这在一定程度上影响了职业学校的发展。从资源匹配和发展机遇方面，政府主管部门在制定政策规则时应体现鲜明导向。例如在重点职业学校布局及重大项目建设上，相关主管部门不能存在平均主义思想，要给职业学校创造公平竞争的机会。但从实践效果看，由于缺少相应的公平竞争机制，政府过多关注某些院校利益诉求，却忽视了其他院校的利益诉求。此外，职业院校之间在竞争机会选择、资源配置方面也存在着不公平问题，很难调动起所有职业学校的发展热情①。

二是职业学校自身办学特色不鲜明。由于职业学校缺少自主性，在办学过程中没有形成自身的办学理念，也没有很好地遵循相应的教学规律，加之职业学校发展缺少有效激励政策，在一定程度上降低了职业学校办学的主动性和积极性。职业学校难以根据企业行业需求和市场变化进行办学调整，导致办学质量始终不高，培养出来的人才难以得到社会和企业的认可。对于职业学校自身的发展而言，既要遵从相应的政策要求，也要不断激发自身发展的积极性，体现出独立发展的意识和能力。但当前部分职业学校在发展过程中以完成政府指标为

---

① 安东平、朱德全：《论职业教育公平的多中心治理》，《职教论坛》2015 年第 13 期。

主要目标，所有工作都围绕政府政策的落实开展，缺少职业学校自我发展的主动意识和能力，对政府管理的过度依赖影响了职业学校的自主独立发展①。

三是基于政府理性选择和学校理性选择的路径依赖对职业教育政策的颁布及实施均有影响。从积极方面来讲，政府理性选择下的职业教育政策更加注重公平性，在职业教育市场化不完善的情况下，发挥了积极的调控作用。但过于依赖政府主导的职业教育，也会在一定程度上限制职业教育的市场化发育，不利于职业教育政策的创新②。学校理性选择下的职业教育政策多从学校建设和人才培养的角度出发，其积极意义体现在有利于服务学生，但其消极影响也比较明显，如对市场需求的回应不足或回应迟滞，也会影响人才质量的整体提升③。

第三节　新中国职业教育政策变迁的效能

一项制度的优劣、好坏及其适用性和可持续性，最终要依靠政策的"投入产出比"来衡量，也就是由制度效能所决定的。即便是好的职业教育政策，如果没有成效，在政府理性选择和学校理性选择下的路径依赖的副作用就会愈加明显，也会积累更多的不满，最终会失去其合法性，被政策变迁所淘汰。

一、投入效能

投入效能分析主要是指对资源消耗的成本分析。任何一项制度的推行都需要投入一定的人力、物力和财力等资源，职业教育发展涉及

①　李锡云：《我国高等体育职业技术院校办学模式研究》，博士学位论文，福建师范大学，2007。

②　蓝洁：《职业教育治理体系与治理能力现代化的框架》，《教育与职业》2014年第23期。

③　李名梁、吴书瑶：《职业教育院校与外部利益相关者的博弈分析及发展策略》，《理论与现代化》2013年第1期。

多个阶层、多种利益关系。政府、职业学校、企业、学生等都是利益相关者，由于各自的利益诉求不同，因而也必然会产生博弈行为。由于职业教育的实施需要投入较大的成本，政府、学校、学生、企业均为重要的投入主体。

（一）政府的职业教育投入

新中国成立以来，职业教育的发展主要是在政策主导下进行的，政策不仅为职业教育发展指引方向，也为职业教育的兴办提供了必要的资金支持。财政性教育经费是新中国职业教育的主要经费来源，政府对职业教育的投入又可以细分为直接投入和间接投入两部分，其中，直接投入包括办公经费、设备经费、人员经费、税收减免等，间接投入包括土地等隐性的经济投入①。新中国对教育经费的统计主要是依照教育层次进行划分的，因而国家统计数据资料也很难获得职业教育投入的确切数字。据间接测算，我国职业教育经费投入占教育经费预算支出的比重为11%，可以从财政性教育经费占 GNP 比例、各类教育投资比例等指标中分析中国政府对职业教育的整体投资情况②。新中国成立以来，职业教育经费投入总量逐年增加，但相对国内生产总值比重较低，略有起伏，总体下降。如这一比例 1990 年为 3.04%，此后逐年下降，1995 年仅为 2.41%，此后略有回升，到 1999 年仍只有 2.79%。世界上绝大多数发达国家这一比重在 5% 以上③。到 2012年，全国财政性教育经费基本实现了《国家中长期教育改革和发展规划纲要》提出的 "4%" 的目标。总体而言，政府对职业教育的经费投入并不充足，尤其是在国家大力支持义务教育时，职业教育在很长一段时间没有得到高度关注和重视，各级职业学校则主要通过其他渠道解决办学成本问题。

（二）职业学校的人才培养投入成本

职业学校存在的价值在于通过开展职业教育教学工作，对接受职

---

① 亓俊国：《利益博弈：对职业教育政策执行的研究》，博士学位论文，天津大学，2010。

② 皮江红：《论职业教育成本分担的完善》，《高等农业教育》2008 年第 2 期。

③ 李祖超：《教育经费筹措方法的比较与借鉴》，《教育理论与实践》2002 年第 3 期。

业教育的学生进行一系列的教育活动，培养出符合市场和企业需求的专业技术型人才，更好地帮助职业学生实现就业，进而提升办学声誉，形成社会影响力，实现职业学校的自身发展。职业学校的管理者和教师通过教学活动的开展及管理水平的提升，在培养人才的同时也能够寻求自身发展，获得自身价值。相较于普通教育，职业教育办学成本略高，不仅要保障一般学校所需要的各项基础设施建设，还需要结合相关课程的开展购置教学设备及相应的厂房，让学生在理论教育的基础之上，还能够接受系统的实践指导。世界银行研究表明，职业教育生均经费为同级普通教育的 2.53 倍，实验实习成本更高①。江苏省调查显示，职业教育生均培养成本是同级普通教育的 2.6 倍②。

（三）个体职业教育投入成本

个体职业教育成本是指在接受职业教育过程中，学生和家庭需要为之投入的各种资源的总和，这种投入包含直接投入和间接投入。直接投入包含直接向学校缴纳的住宿费、生活费、学费等。当前职业教育办学成本并不能由政府的财政全部解决，由于职业教育属于非义务教育，职业教育提供的产品具有私人性质，职业教育更多偏向于准公共产品，因此学生在接受职业教育过程中还需要一定的个人成本，而这里所提到的个人成本主要是指学生在校期间的学杂费和生活费等。职业教育有助于学生专业技能的提升，能够帮助学生顺利地进入劳动人才市场，并获得就业岗位，进而获得相应的薪酬。从投资收益的角度看，个人有必要承担一部分学费。职业教育成本主要由政府和学生来承担，从二者的承担比例看，政府应该作为最主要的承担主体，学生不能承担过多的费用。特别是财政部门应该充分考虑受教育者及其家庭能够承担的职业教育实际成本。

（四）企业的职业教育投入成本

职业教育培养的人才主要就业对象是企业，企业是职业教育产品

---

① 赵志群：《对我国制造业职业教育创新与发展的战略思考与对策建议》，《中国职业技术教育》2008 年第 4 期。

② 全国人大教科文卫委员会：《职业教育改革和发展情况的调研报告》，《中国职业技术教育》2009 年第 16 期。

的主要消费者，因此，从公共经济学成本分担理论角度看，企业应该为职业教育承担一定的成本，这样不仅有利于推动职业教育发展，同时也有利于缓解政府财政压力，但当前企业由于种种原因，并不愿意参与教育成本的分担。以西方国家为例，国家在推动职业教育发展时，以法律形式确定企业投入职业教育的责任和比例。投入方式主要通过自主办学、合作办学和捐资助学等形式，为职业学校添置必要设施，给予职业教育一定的资金帮扶，让职业学校与企业联系得更为紧密。新中国在很长一段时间内，职业学校都是由国有企业投资建设，但随着国家对职业学校的改革，国有企业逐步退出了职业教育领域，总体上看，原国企投资的职业学校处于"断奶"状态①。

二、产出效能

职业教育政策的产出效能主要是指通过职业教育利益相关者的投入之后获得的职业教育收益，如职业教育对个体发展、经济增长、社会稳定、文明进步的促进价值等，这也是新中国职业教育政策变迁所获得的收益的体现。其中，个人收益体现在物质层面和精神层面。从物质层面看，是能够获得以货币为形式的工资收益；从精神层面看，在工作岗位上，个人价值能够得以体现，能够给受教育者带来情感的满足和身心上的愉悦。

对于企业和社会组织而言，获得高素质的人才能够提升企业和社会组织的生产效率，进而获得更多的利润，同时也有利于降低成本，推动企业和社会组织发展②。从社会发展角度看，发展职业教育有利于提升劳动者综合能力和素质，提升整个社会生产效率，推动科学进步，实现产业结构调整，稳定社会秩序，推进民主进程。

（一）政府的收益

从国家层面看，国家希望通过开展职业教育，从整体上提升中国

---

① 牛征：《中国职业教育投资的问题与对策》，《山东教育科研》2002 年第 8 期。
② 贾建国：《我国高等职业教育制度的改革与创新——基于相关利益者的视角》，《职教论坛》2009 年第 22 期。

的人力资源质量水平，为产业结构调整提供更加充足、质量更高的劳动力，推动技术创新，进而带动整体经济发展。同时，开展职业教育有利于构建更为完善的国民教育体系，维持社会和谐稳定，推动社会管理创新，进而提升国家核心竞争力①。对于地方政府而言，希望通过开展职业教育获得公共利益、组织利益和个体利益。从公共利益角度看，地方政府与中央政府对职业教育的收益看法是一致的。地方政府作为一个行政单元有其自身的利益诉求，希望通过开展职业教育获得更好的政绩考核，进而增强对资源的支配权，获得更多的直接收益②。执行和落实政策是政府公务人员的职能所在，有效地落实政策能够为公务人员带来较好的政绩考评，并获得相应的薪酬福利和发展机会。

与其他生产领域的投资不同，政府的教育投资收益更体现出整体性、非货币性特征。职业教育作为一项长期的教育活动，无法在短期内体现其直接收益，其价值也很难通过货币具体体现。国家对于职业教育政策的制定，主要基于社会整体利益考虑，其收益具有整体性，与组织收益和个体收益存在一定的区别。相较于普通教育，职业教育收益显性特征并不明显，社会个体对于职业需求也并不强烈，学生从职业教育院校毕业之后就可以在本地就业，也可以在其他地方其他行业就业③。地方政府从本地职业教育产出所获得的收益取决于职业教育与本地经济社会发展的契合度，职业教育能否为区域产业结构调整提供充足的人力资源，能否为本地经济社会发展提供必要的人才，但地方政府能够从本地职业教育中间接地获得收益。因此地方政府在职业教育发展问题上既要考虑直接的经济收益，也要考虑间接的经济收益。

---

① 祁型雨：《利益表达与整合：教育政策的决策模式研究》，人民出版社，2006，第102页。

② 姚树伟、谷峪：《职业教育发展动力因素分析及机制优化——基于利益相关者视角》，《现代教育管理》2013年第12期。

③ 沈超：《就业·收入·和谐——职业教育与经济社会协调发展》，中国经济出版社，2006。

（二）职业学校的收益

职业教育不仅是培养人才的教育活动过程，同时也是传播产业知识和产业文明的过程。从职业教育本身看，它具有职业文化和技术文化传播的特点。职业教育通过向受教育者传授职业知识和技能文化，帮助受教育者正确认识并接受先进文化，并以此为基础形成勤劳守纪、忠诚勤奋的道德品质，这是现代职业精神的具体内容。中国近代职业教育的形成和发展既是自身不断变革创新的过程，也是现代化推进的过程。在传统文化和外来文化的融合过程中，我国职业教育形成了具有鲜明特色的职业教育发展道路，呈现出了传统与现代相统一的特性①。一方面，国家希望通过借鉴和学习外来先进发展模式提升职业教育发展水平；另一方面，本土文化也会对外来发展模式产生排斥，在冲突和矛盾中产生了不同的教育模式。在职业教育学习过程中，应该首先是对外来经验的认知理解，然后有选择地接纳相应的文化理念，进而壮大自身。

职业院校在发展过程中也希望体制机制创新，以此提升自身的教学质量，招收更多的学生，为社会输送更优质的人才。为此一般职业院校都会成立理事会，下设教学指导与质量评估委员会，对教学工作进行指导，通过监督与评价等方式提升人才培养质量②。通常情况下，教学指导与质量评估委员会都会聘请专家学者和一线技术人员及学科带头人作为主要成员，就职业院校教学工作及人才培养质量情况向理事会汇报，负责职业院校与校外实习实训过程中的教学质量监督评价和指导，并对学校专业设置、师资队伍建设、实训基地建设等相关活动进行业务指导。通过一系列工作的开展，提升人才培养质量，提升职业学校的社会影响力，为职业学校创造更多收益。

（三）个体的收益

职业教育收益很难测算，通常情况下主要是借助核心收益指标、

---

① 徐桂庭：《关于职业学校治理体系与治理能力建设的若干思考》，《中国职业技术教育》2014年第21期。

② 武智：《关于构建高职教育政企校协同育人共同体的思考》，《教育与职业》2018年第10期。

要素等，将其与其他教育收益进行横向比较。职业教育的核心指标主要有就业率和就业质量。提升学生的就业率和就业质量是职业教育的本质属性和主要目标，因而，个体在职业教育中获得的收益也是职业教育政策效能分析中需要重点考量的因素。一般而言，就业率可以利用公式进行计算，就业质量则可通过对受教育者的职业地位、薪酬等指标进行计算，这两项核心要素是能够经由统计得出的显性收益。根据"职业教育与国民经济发展关系研究"课题组 2005 年的调查数据，中等职业教育人群比普通高中教育人群的失业率低 2.61%。这项研究表明，职业教育政策对增加个体职业教育收益具有积极作用。但同一调查统计也表明，18—29 岁接受中等职业教育人群比接受普通高中教育人群的就业率低 2.32%[①]。这也显示，单一依靠就业率来衡量职业教育收益是片面的，且研究结果也并不统一。因此必须从教育质量和生源质量两个层面入手，通过加强师资队伍建设、优化课程内容和设置，构建职业教育教学管理体系，完善实训实验条件，为提升教学质量创造有利条件。而提升生源质量，既需要提升职业学校的社会影响力，也需要毕业生的良好口碑和表现等多重因素的作用。

（四）企业的收益

企业发展目标是指通过提升生产效率、降低成本，进而为企业创造更多收益。企业是以营利为目的的生产经营性组织，在校企合作过程中，企业需要职业学校为其输送合格的劳动者，这些劳动者经过职业学校的系统培养，掌握了必要的知识和技能，一旦进入企业的生产环节，就能够提升企业的劳动生产率，相应地提升企业效益。但接受相同教育并不意味着就能产生同样的劳动生产率，劳动生产率的差别往往来自劳动者主观努力程度。调查显示，同普通高中毕业生相比，对口就业的中职毕业生往往工作满意度较高[②]。职业教育既可以通过知识与技能的传授，提升劳动者的劳动技能水平，也可以通过提升劳

---

① 沈超：《就业·收入·和谐——职业教育与经济社会和谐发展》，中国经济出版社，2006，第 21，30 页。

② 闵维方：《职业技术教育的经济效益研究——理论探讨与案例分析》，《教育研究》1991 年第 10 期。

动者的工作满意度和努力程度，提升企业的生产效率。职业教育毕业生相较于其他普通学校的毕业生，具有更高的工作满意度，因此，在工作积极性上会更高，自然会为企业带来更多收益，如果专业对口，收益还会有所增加。

比较而言，职业教育具有流动性等特征，企业会考虑岗位的适应程度及招聘人员的技能熟练度，因此接受过职业教育的学生更容易被企业选中。但是对于一些中小企业而言，由于需要付出一定的职业教育成本，加之技术技能型人才流动性较大，这些都可能会降低中小企业参与职业教育发展的积极性，这也从一个侧面体现了职业教育收益流动性特征。

职业教育的健康发展，创造了巨大社会效益。一方面，职业教育的合理布局和优化发展，有力地促进了城乡经济的快速健康发展，因地制宜制定和出台职业教育政策极大地促进了职业教育更好地融入地方经济社会。另一方面，职业教育的社会效益还体现在职业教育发展主体的高度自觉性和使命感。国家和各级政府下大力气，在政策引导、经费保障、办学条件等方面极大提升了职业教育的发展水平，职业教育为企业和地方经济发展输送大量高素质的技术技能型人才，有力提升了职业教育毕业生的就业质量，为地区经济社会发展、精准脱贫和实现全面小康等提供了智力保障和人才支撑。

综上所述，职业教育为经济社会发展培养了大量人才，实现青年就业，对于社会和个体而言都具有本质性收益，但相较于普通教育，职业教育就业范围窄，就业质量低，教育成本高于普通教育。对于个体而言，接受职业教育本质收益高，显性收益低，因此并不具有较大的吸引力。但从社会发展角度看，职业教育本质收益更高，有利于社会和谐，有利于推动社会进步①。

三、职业教育政策变迁的效应考察

路径依赖是工具理性和价值判断不断博弈的最终结果，综合新中

---

① 谢勇旗：《高等职业教育与区域经济协调发展研究——以河北省为例》，《职教论坛》2011年第4期。

国职业教育政策变迁的情况看，这种渐进式的调整和完善也是国家从职业教育发展实际情况出发，经过理性思考做出的选择，同时也是综合了职业教育价值所做出的判断，对原有的组织设置和法律体系进行了继承，确保了新中国职业教育政策的连贯性，并保证了原有制度有效衔接，为职业教育发展提供了政策依据①。

（一）职业教育政策变迁的引领效应

1. 引领职业教育迅速发展

新中国职业教育发展经历了多个阶段，在发展过程中形成了较为稳定的体系和结构，并为新中国经济社会发展和产业重构做出了突出贡献，职业教育真正发挥作用是在改革开放的大背景下，当时国家为了缓解"文革"对经济社会产生的冲击，拨乱反正，对教育领域进行了大刀阔斧的改革。由于当时普通高中和高等学校培养出来的人才与社会实际需求存在很大差距，因此将中等教育结构改革作为重点对象，并给予了足够的政策扶持，国家先后出台了《关于中等教育结构的报告》《关于经济部门和教育部门加强合作促进就业前职业技术教育发展的意见》等。这些政策文件的出台为职业教育的发展提供了制度依据，职业教育的规模在各级政府积极落实政策的过程中不断扩大。

国家要求大力发展中等职业教育，并为中等职业教育做出了明确规划。根据中等职业教育的发展，国家将部分普通高中改为中等职业学校，并将其作为中等职业教育的重要发展路径。这种改革对中等教育结构进行了优化，使中等教育在短时间内得到恢复。为了支持中等教育发展，中央在提出宏观引导政策的同时，各级地方政府还积极出台相应配套措施，对中等职业教育发展的具体内容进行了细化。这些政策措施的出台为中等职业教育稳定招生、保证生源市场合理分配、劳动力市场有较充足的资源做出了重要贡献。正是由于政府的强力推进，保证了市场对于中等职业教育毕业生的认可度，大量优质生源涌

---

① 黄立志、李名梁：《五年来我国职业教育与区域经济协调发展研究综述》，《职教通讯》2010 年第 6 期。

向就业市场，也在一定程度上推动了经济社会发展。而随着职业教育在社会上的影响力不断扩大，人们对职业教育的看法也有所改变，越来越多的青少年对职业教育有了需求，生源市场变得十分充足，职业教育迎来了前所未有的发展机遇。如 1983—1985 年，中央财政每年划拨职业教育补助费 5 000 万元，并积极出台优惠政策，减免校办企业税收，吸引社会力量办学，很多企业积极兴办、参与职业教育①。政府在职业教育市场化过程中扮演了重要角色，成为职业学校和社会力量沟通和联系的重要桥梁。

2. 引领职业教育市场化进程

政府和市场是影响职业教育发展的外部影响因素，必须通过职业教育内部因素才能起作用。职业教育的市场化虽然在外部推动下有所进展，但要想真正实现市场化，还需要依靠职业教育组织内部的力量来完成，否则即使有政府的大力支持和良好的市场环境，也难以保持职业教育的可持续发展②。这样带来的直接后果就是，职业院校既无法高水平地满足职业教育市场需求，也不敢贸然放弃政府给予的各项资源和政策，否则可能会丧失当前的市场化成果，以及国家赋予的合法化地位③。在这一背景下，一旦政府的配套措施没有及时落实，或者是没有及时给职业教育发展"输血"，职业教育的劣势就会凸显。因此，要提升职业院校的"造血"功能，职业教育市场化势在必行。

由于劳动准入制度不完善，企业在招收员工时会出于成本考虑雇用一些没有经过职业教育培养和训练的廉价劳动力，这就会进一步减少职业教育毕业生的就职机会。还有一些劳动密集型企业在员工培训上更多采取的是"师带徒"，这样一来职业院校毕业生就业机会受到挤压，影响了职业学校毕业生顺利进入劳动力市场实现高质量就业，

---

① 赵琳、冯蔚星：《中国职业教育兴衰的制度主义分析——"市场化"制度变迁的考察》，《清华大学教育研究》2003 年第 6 期。

② 唐明良、张红梅、张涛：《基于教育治理能力现代化的职业教育治理体系构建》，《教育与职业》2015 年第 34 期。

③ 雷世平、姜群英：《高职院校治理能力现代化的内涵及其衡量标准》，《职教论坛》2015 年第 31 期。

客观上降低了生源市场求学需求①。国家高度重视职业教育的市场，通过政策引领，破除职业院校学生进入劳动市场的桎梏。

在相关政策引领下，职业教育经过多年发展，相应的体系和机制不断完善，职业教育文凭含金量逐步提高，人才培养质量和办学声誉及自身的市场化程度都得到不同程度的提高②。在职业教育市场化发展过程中，依托政府提供的各类职业教育政策和资源，职业院校获得相对稳定的生源，通过市场化机制，向企业和劳动力市场输送了大量合格的优秀技能型人才。职业教育立法促进职业教育完成了初步的市场化，并在法律层面得到认可。以往过分依赖政府投入的发展模式，往往难以让职业院校对接人才市场、技术市场、劳动市场和资源市场，因此，必须矢志不渝推进职业教育市场化可持续发展。

当前，职业教育处于发展的最佳政策环境和历史时期，在国家层面，基本建立了现代职业教育体系，进一步完善了中职、高职、职教本科和专业硕士一体化学历链条，加之人事制度等配套改革的影响，各种要素在市场化作用下进一步向职业教育领域集聚，提升了职业教育的市场化水平。

（二）职业教育政策变迁的协调效应

职业教育政策变迁主要是在政府的主导下进行的，这种自上而下的政策推动模式加速了职业教育的发展。从国际视野考察职业教育政策变迁可知，很多职业教育发达的国家也是采取政府政策推动的形式，政府在职业教育发展方面起到了重要的引导作用。相对于自发变迁，强制性变迁推进更快、安排得更为具体，而且还节省成本，在改革过程中对问题的解决得更为彻底。以高职院校发展为例，在初级阶段政府通过政策机制明确高职学校的设置条件及招生规模、招生要求等，鼓励学生接受高职教育③。以高职质量保障发展为例，高职院校

---

① 刘占山：《加快构建现代化的职业教育治理体系》，《职教论坛》2014 年第 13 期。

② 肖凤翔、黄晓玲：《职业教育治理：主要特点、实践经验及研究重点》，《河北师范大学学报（教育科学版）》2015 年第 2 期。

③ 李名梁、吴书瑶：《职业教育院校与外部利益相关者的博弈分析及发展策略》，《理论与现代化》2013 年第 1 期。

发展到一定阶段后，国家对人才培养质量保障方面政策的支持和引领的作用非常明显，政府相关部门会适时对高职教育人才培养工作开展评估，推进高等职业教育自我诊断与改进，为其规范发展提供制度保障和政策保障。

1. 职业教育政策的内在协调与修正

政策具有稳定性的特征，如果朝令夕改，会让政策执行主体和相关目标群体感到不知所措，容易弱化政策本身的权威性和执行效率，效果就会大打折扣。保持政策的延续性是职业教育重要的路径依赖，也是职业教育政策本身的内在要求。国家制定职业教育发展政策一般会保持延续性和可持续性，明确阶段性的教育目标、教育方式、教育内容、师资队伍和管理体制，并确保这些内容在一定时期内的稳定性。维护职业教育政策的稳定性具有回报递增效果，比如，职业政策在实施过程中必然会投入相应成本，如果下一阶段的政策和本阶段的政策在内容和本质上具有一致性，可有效降低成本支出，并相对获得更多政策收益。相反，要放弃前一阶段政策，重新拟定政策，就会增加大量成本，特别是在执行过程中还需要重新构建课程体系、师资队伍和运行机制。如果打破原有的路径依赖状态，职业教育又会进入另外一个发展阶段，所造成的成本损失将是巨大的[1]。

换一种角度看，职业教育政策的路径依赖虽然具有回报递增的正面效应，但这并不意味着职业教育政策实施路径是固化不变的，更要防止职业政策执行过程始终保持一种模式，以免造成政策僵化，负面效应大于正面效应[2]。从历史制度主义角度看，职业教育政策实施过程是具有承继性的，有其内在的规律，并应在职业教育政策良性循环过程中不断地优化政策和修正不足。如果错误政策没有得到有效纠正，就会沿着错误的路径继续进行下去，最终锁定在无效状态，进而

---

① 李名梁：《应重视职业教育相关者的利益诉求》，《职业技术》2012 年第 11 期。
② 肖凤翔、李亚昕、陈潇：《论现代职业教育治理中企业权利的重构》，《职教论坛》2015 年第 24 期。

使职业教育政策失去应有的效力①。

2. 各利益相关者作用力的相互协调与制衡

首先，从政府层面看，新中国成立之后，国家非常重视职业教育的发展，并为职业教育出台了具体的政策和措施，一度形成了国家举办、政府集中管理的体制，政府对职业教育全流程进行管控。从学校设置、专业设置、学校规划、经费使用、人事安排到招生录取、人才培养、就业升学各个环节，政府的影响无处不在。一方面，职业学校不同程度地缺乏自主办学权利，只是按照国家相关教育政策落实行政部门的决策部署内容，使职业学校成为行政部门的附属单位②。这种集中管理体制难以激发职业学校对经济社会发展的主动求变意识和内在动力。另外，政府直接管理力度大，有悖职业教育发展内在规律和人才培养规律，容易"千校一面"，难以发挥不同职业教育院校的特点和优势，导致各职业教育院校缺少特色，缺少面向市场自主变革的机制和主动性。

经过探索和调整，在体制转型过程中，国家加大了职业教育管理体制改革力度，进行了有效放权，引导鼓励职业院校主动面向市场、面向社会办学，很多职业学校主要依靠自主办学吸引社会资本，提升自身办学水平，办出了特色。但部分院校在具体落实过程中仍存在"等""靠""要"的惯性思维，更有甚者对国家产生了严重的依赖，导致学校自主改革创新发展动力不足。以"国家示范性高等职业院校建设计划"为例，国家高度重视骨干高职院校建设并给予了足够的政策和财政支持，这是非常好的政策激励，具有鲜明的导向，但是这在客观上也使一些地方普通职业院校出现了"断奶"现象，因无法得到足够的政策和经费支持，发展缓慢，甚至有些民办院校已经处于自生

---

① 胡宁生：《国家治理现代化：政府、市场和社会新型协同互动》，《南京社会科学》2014年第1期。

② 雷世平、姜群英：《高职院校治理能力现代化的内涵及其衡量标准》，《职教论坛》2015年第31期。

自灭状态，内生动力严重不足①。

其次，从职业院校角度看，教师和学生对于职业教育发展改革的参与性不是很高。虽然新中国职业教育发展取得了举世瞩目的成就，但职业院校内部良性竞争机制还有待进一步完善，外部竞争环境也没有真正建立起来，职业院校师生被冷落、边缘化的感觉明显，客观上导致教师和学生对于职业教育发展参与的主动性和积极性不是很高。职业院校在办学过程中更多地将经费投入看得见摸得着、短期能取得明显成效的重大项目建设之中，对职业院校管理体制改革给予的重视和投入不够，职业院校民主治校、教授治教的良好氛围不够浓郁，不同程度上忽视了利益相关者的合理诉求。加之在改革过程中，资源分配不透明，竞争机会不均等，相应的政策落实不够彻底，教育教学改革目标不清晰和有效激励机制欠缺，在生源和师资投入方面也存在非理性竞争，这些也在一定程度上削弱了师生对于职业院校发展的关注度②。

最后，从企业角度看，校企合作深度不够，企业参与度不高。职业教育要想健康、可持续发展，就需要激发企业参与职业教育的积极性，让其成为职业教育发展的重要投资者③。但利益相关者理论认为，每个利益相关者都应该得到契约的保障，即企业在参与职业教育发展过程中也应该得到相应的契约保障，特别是在市场经济条件下，企业是市场主体，追求效益无可厚非。如果参与职业教育发展没有得到相应的利益回收，这显然无法被企业所接受。后来有地方政府出台了加强校企合作的政策，明确了企业作为职业教育发展主体的权责利，对于提高企业参与职业教育的积极性起到了较好的作用。

从经济动力角度看，企业参与职业教育发展的直接动力是能够为

---

① 肖凤翔、李亚昕、陈潇：《论现代职业教育治理中企业权利的重构》，《职教论坛》2015 年第 24 期。

② 赵琳、冯蔚星：《中国职业教育兴衰的制度主义分析——"市场化"制度变迁的考察》，《清华大学教育研究》2003 年第 6 期。

③ 武智：《关于构建高职教育政企校协同育人共同体的思考》，《教育与职业》2018 年第 10 期。

企业带来直接收益。一方面，通过校企合作，深度参与职业教育有利于企业获得高素质技术技能人才，进而为企业提升生产效率，降低劳动成本，使企业投入职业教育的投资增值。另一方面，企业深度参与职业教育，能树立良好的企业形象，提升消费者对产品和服务的认可度，从而提升企业在社会上的影响力。

从政策设计的初衷看，国家出台职业教育政策能够引导企业在发展过程中更好地履行教育责任。当前校企合作政策的陆续出台，让企业和职业学校结成了利益共同体，进而促进企业主动参与职业教育，从而为企业参与职业教育发展提供制度动力①。目前，完善企业履行职业教育责任的政策法规还有很长一段路要走，作为职业教育主体的企业参与职业教育的相关机制还需要进一步创新，还需要进一步破除企业参与职业教育的限制，充分保障企业参与职业教育的权益。

总之，新中国职业教育的发展，历程曲折，成果辉煌。国家出台实施的职业教育政策法规是国家宏观调控职业教育事业健康发展的重要手段，有利于职业教育资源的优化配置。长期以来，我国职业教育政策制定都以政府为主，为了确保制度的顺利实施，政府还会出台相应的辅助制度，这些制度纵横交错，在长期实践中不断相互融合，发挥出了更大的效应。

从历史制度主义的观点看，一种制度要想被人们很好地执行还需要一系列的辅助制度，这在无形之中会加剧制度变更的成本，其结果往往会导致制度处于路径锁定状态②。但由于新中国特殊的政治体制和经济体制，国家按照权限分级对职业学校进行管理，各级教育行政主管部门按照权限对职业学校人才培养模式、招生规模、专业设置进行管控。作为职业教育的主体，职业院校与教育部门之间并不对等，职业学校更多是处于被动状态。虽然国家结合当前教育改革形势，推动了职业院校管理体制改革，并赋予了职业院校更多的办学权利，通

---

① 周建松、唐林伟：《高等职业教育校企合作长效机制研究》，浙江工商大学出版社，2014，第41页。
② 周光礼、吴越：《我国高校专业设置政策六十年回顾与反思——基于历史制度主义的分析》，《高等工程教育研究》2009年第5期。

过一系列的举措更好地激发了职业院校的办学活力①。从政策具体实践来看，职业教育教学水平还有待提升，职业教育与其他类型的教育在地位上还不平等，职业学校与企业之间的合作还有待进一步加深，产教研融合政策还要在做细、做实上下功夫，职业学校主动求变创新意识还需要增强，职业院校要尽快走出路径依赖状态。

---

① 孙妍、李名梁：《高等教育服务产品质量管理研究》，《西南交通大学学报（社会科学版）》2006年第3期。

第六章　新中国职业教育政策变迁的基本规律与历史经验

分析历史制度主义的路径依赖和关键节点有助于我们更为清晰地了解职业教育政策变迁的历程，剖析其隐藏的规律和章法。在公共政策的动态运行过程中，政策变迁是一个自然的过程环节。新中国职业教育政策变迁受内外部环境、行动主体等因素的影响，在不同的发展阶段呈现出不同的特点，但整体上呈现出"断裂均衡"的特征①。前文论述了新中国职业教育政策变迁的历史逻辑与现实逻辑，对职业教育政策变迁的动因、路径和效能进行了细致考察，在此基础上，本章基于历史制度主义的分析框架，遵循职业教育政策变迁的制度逻辑，总结政策变迁的基本规律，并结合新时代职业教育发展的现状，提出对中国职业教育政策变迁的未来展望。

第一节　新中国职业教育政策变迁的基本规律

新中国职业教育政策变迁符合制度生成、制度微调、制度置换、制度断裂、制度创新的演变规律，在不同的关键节点，新中国职业教育政策发生多次调整。新中国成立至改革开放前，职业教育以发展专业技术教育为主，职业教育的目标是为社会输送专业技术人才；改革

---

① 潘懋元、朱乐平：《高等职业教育政策变迁逻辑：历史制度主义视角》，《教育研究》2019 年第 3 期。

开放至 21 世纪，职业教育逐渐得到恢复和发展，政府为鼓励职业教育发展，出台了一系列改革措施，鼓励校企合作办学，逐步推动职业教育市场化；新时代职业教育面临新的任务和挑战，为突出职业教育的特殊地位和作用，政府通过颁布各项政策，将职业教育作为新时代教育发展的战略重点①。不同时期职业教育政策的调整，归根结底是与新中国经济社会发展密切相关的，多元利益主体之间相互制衡，在整体上保持稳定持续的同时，也体现了制度的创新。

一、政治结构形塑职业教育政策变迁方向

历史制度主义解释制度演变过程主要从三个方面入手：第一，外部环境的变化。制度所面对的外部经济、政治和文化环境，一般被制度主义认为是制度的深层次结构。第二，制度供应与诉求之间的较量。政策变迁通常会经历正常时期和关键节点时期，检验是否处于正常时期的关键要素是考察制度是否处于均衡状态，制度均衡意味着制度供给和需求之间是平衡的、相匹配的；反之，当制度供给和需求之间不适应时，制度的边际利润就会减少，就需要演变出新的制度来代替旧制度，也就是政策变迁的关键节点②。第三，新信息的导入。如果身处制度框架中的行动者接纳了一定的新信息，这些新信息就可以由行动者带入制度框架，进而推动现存制度的转型③。制度变迁的诱因很多，不同制度执行主体的推动作用会导致不同的制度演变方式，如强制型、自发型和诱致型；从演变反映层面看，制度演变方式还可以分为主动式和被动式两种。

制度结构对制度变迁具有形塑作用，将新中国职业教育政策变迁的关键节点放在宏大的制度背景中去理解，能够更为清晰地认识到其中存在的因果关系。依照历史制度主义的分析原理，政治、经济、社

---

① 王迎、魏顺平：《近十五年我国职业教育政策文本计量分析研究》，《中国职业技术教育》2012 年第 12 期。

② 陆俊杰：《职业教育发端与发展的逻辑辨析》，《职业技术教育》2015 年第 6 期。

③ 周光礼、吴越：《我国高校专业设置政策六十年回顾与反思——基于历史制度主义的分析》，《高等工程教育研究》2009 年第 5 期。

会、文化等因素在某种程度上决定了制度的具体安排，不同时期的职业教育政策深受其所处的宏观制度的影响，不同制度结构与制度变迁之间形成紧密的因果关系。从纵向上来看，新中国职业教育政策是由中央到地方自上而下进行示范引领的；从横向上来看，新中国职业教育政策在地方积累了实践经验，并对经验进行总结，为政策创新提供了参考和借鉴。

（一）中央对地方的示范引领

职业教育政策变迁深受历史因素和结构因素的影响，政策主体的意愿通过调整政策来体现。政府在推进职业教育政策创新中具有自主性，但这种自主性并不总是积极的。政策本身是政策组织利益诉求的表达，因而政策主体制定的政策可能也会对事物的发展产生消极影响，甚至会阻碍事物的发展。政策主体内在的结构也是十分复杂的，只有处理好其中隐藏的复杂利益关系，不同利益主体达成共识，才能减少政策的消极效应，更好地发挥政策主体对政策创新的能动作用，为政策创新赋能。

新中国职业教育政策通常是在中央政府领导下制定的，首先在地方进行试点，然后再全面推行。中央的政策偏好对职业教育政策的走向有直接影响，对地方政府而言，能否获得上级政府的支持至关重要，只有在上级的支持或认可下，地方政府才可能有创新行为。职业教育政策变迁本身是一种政府的公共政策行为。自新中国成立以来，职业教育经历了一个比较完整的政策扩散过程，地方政府积极推行中央层面的政策文件，积极开展职业教育改革，积累了一些经验和创新性的做法[①]。

改革开放以来，中国职业教育政策越来越注重办学质量评估。由于社会对职业教育质量的关注度高，因而，在职业教育质量评估方面，政府承担了非常重要的职责。《中共中央关于教育体制改革的决定》（1985）中明确规定了教育管理部门的职责，并提出要科学评估

---

① 徐兴旺、黄文胜：《论当代中国高等职业教育发展的新趋势》，《中国职业技术教育》2015 年第 32 期。

高等职业教育水平；《普通高等学校设置暂行条例》（1986）设置了高职学校的办学标准，为高等职业教育开展评估工作提供了参考；《普通高等学校教育评估暂行规定》（1990）进一步明确了高等职业学校评估的任务和具体形式，并且更加突出高等职业教育的特殊性①；《国务院关于大力发展职业技术教育的决定》（2005）提出逐步建立相对完善的职业教育评估制度、细化评估标准等内容②。各项政策的出台为全国职业教育的发展指明了方向，并且各地方积极开展试点工作，推动了职业学校的发展。《国家教委关于高等职业学校设置问题的几点意见》（1997）专门对高职学校的办学情况提出了要求，包括招生规模、办学条件、学校申报与审批等方面③。在这一时期，政府所扮演的主要角色是示范引领，通过政策引导、地方开展试点工作等，为职业教育事业发展贡献力量。但在这一阶段，政府主要关注职业学校办学、人才培养方面的评估，对于教育质量的评价缺乏细致、科学的标准和政策引导。

（二）政府政策引领下的职业教育质量有效提升

进入 21 世纪后，职业教育水平亟须进一步提升，在政府的推动下，中国职业教育逐渐进入全面质量提升阶段。职业教育的开展不仅仅要关注办学条件，更要注重教育质量的提升。我国职业教育积累的师资力量、教育资源相对薄弱，为改善这一现状，政府正式提出"改革教育质量评价制度""建立教育质量评价体系""完善质量保障机制"等政策要求，政策话语也发生了显著改变，由"评估"到"评价"再到"保障"，为职业教育质量全面提升做出了指引，保障职业教育质量的政策诉求更加鲜明。

《教育部关于全面提高高等职业教育教学质量的若干意见》（2006）提出，强化高等职业教育质量意识，建立健全职业教育质量管理体系④。《高等职业院校人才培养工作评估方案》（2008）进一步

---

① 《普通高等学校教育评估暂行规定》，国家教育委员会令第 14 号。
② 《国务院关于大力发展职业技术教育的决定》，国发〔2005〕35 号。
③ 《国家教委关于高等职业学校设置问题的几点意见》，教计〔1997〕95 号。
④ 《教育部关于全面提高高等职业教育教学质量的若干意见》，教高〔2006〕16 号。

明确了高职院校人才质量评估方案，并设置了包括师资队伍、课程建设、教学管理等七项指标。该项文件的颁布，也标志着高职院校人才评估工作的正式开启，将职业教育评估工作推向了新台阶①。《国家中长期教育改革和发展规划纲要（2010—2020 年）》（2010）提出，政府、学校、家长及社会都应成为教育质量评价的重要参与主体。《教育部关于充分发挥行业指导作用推进职业教育改革发展的意见》（2011）提出，建立社会、行业、企业、教育行政部门和学校等多方联合的质量评估主体结构，并且强调职业教育的评价应重点关注其自身的能力水平及其对社会的贡献，主张构建多元主体共同参与的质量评价机制。为全面推进职业教育质量的提升，政府积极推进"管办评分离"的教育质量评估模式。

《国家教育事业发展第十二个五年规划》（2012）提出，积极探索教学质量评价办法，并且将中等职业教育、高等职业教育均纳入教育质量标准体系的研究项目中。《国务院关于加快发展现代职业教育的决定》（2014）针对职业院校提出，应实施督导评估办法，结合不同的专业开展专业教学评估活动，评估主体由行业、用人单位等构成，这也进一步密切了职业教育与社会行业发展之间的联系②。《教育部关于深化职业教育教学改革全面提高人才培养质量的若干意见》（2015）提出应满足职业学校学生成长的多样化需要，并对职业学校毕业生进行跟踪调查，持续改进职业学校教育教学活动，不断完善职业教育制度和运行机制。

上述一系列职业教育质量评估政策的出台，展现了政府强制性政策变迁的优势，在政府的支持和指导下，职业教育质量得到持续提升。这一政策变迁路径的优势在于：其一，政策安排速度快。以政策为导向，各地方积极推进职业教育改革，开展职业教育人才培养、教学质量等各项评估工作，为职业教育的规范化发展和职业教育标准化

---

①　《教育部关于印发〈高等职业院校人才培养工作评估方案〉的通知》，教高〔2008〕5 号。

②　《国务院关于加快发展现代职业教育的决定》，国发〔2014〕19 号。

办学提供了保障。其二，改革力度大。由政府主导的职业教育改革不仅具有更快的执行速度，也会产生更大的影响力，全国各地积极落实新的职业教育政策，推动了职业学校的规模化发展。这些都是职业教育政策变迁所取得的成效。此外，在推行强制性变迁的同时，也要注意其所产生的消极影响。一方面，强制性政策变迁容易引发内生诱因不足的问题，自上而下的政策推行模式可能会出现个别地方不适用或执行不到位的情况；另一方面，制度供给与制度需求之间可能会存在出入，改革措施要想获得持续性的成效，就需要不断地对现有政策进行调整和优化。

二、经济结构调节职业教育政策演化过程

新中国成立以来，我国从计划经济体制向市场经济体制转变，经济结构也随之调整，职业教育政策变迁也伴随经济结构的转变而不断调整、更新。尤其是进入新时代以来，党和国家积极调整职业教育机制体制，推动职业教育创新，力求发挥好高等职业教育的育人功能，将职业教育发展上升到战略高度。职业教育政策调整的目标之一是为青年学生提供掌握就业技能的机会，进而使之为经济社会发展服务。职业教育具有一定的社会经济价值，对于服务地方、服务行业具有积极作用。

20世纪90年代，中国职业教育迈入新的发展阶段，政策变迁逐渐由政府主导向"政府推动、市场引导"转变，这也为职业教育政策创新创造了契机。

（一）经济社会发展与职业教育规模化

在职业教育政策的推动下，新中国职业教育的规模逐渐扩大。在数量上，为满足经济社会发展需求和人们的教育需求，政府通过宏观引导、政策指导等方式，推动了职业教育的规模化发展。在改革开放之初，高等职业教育的规模较小，经过一系列政策的落实，高职学生人数持续增长，大致经历了从小幅增长、稳步发展，到小规模跃升、大规模跃升，再到相对稳定发展的过程。规模发展是职业教育事业发展的一个外在表现，政策的引导和支持是职业教育发展的一个重要动

力。从经济社会发展的角度来讲，经济社会的平稳发展为职业教育事业的发展奠定了基础，推动了职业教育改革，这也是新中国职业教育政策变迁所遵循的内在逻辑。改革开放以来，中国经济、社会持续发展，并取得了显著成就；进入新世纪以来，信息技术的迅猛发展进一步推动了生产方式和组织结构的变革，在"互联网+"的影响下，技术技能型人才的需求显著增加。

21世纪的职业教育与改革开放之初的职业教育也存在较大差异。20世纪90年代，国际上德国的"双元制"职业教育体系初步建立，手工业培训盛行；而21世纪初期颁布的《国务院关于大力发展职业教育的决定》（2005），提出要鼓励职业教育发展，要求扩大职业教育规模，并要求高职招生规模要占高等教育招生规模的一半以上①。党的十八大以来，中国职业教育政策更加注重职业教育质量，明确提出"创新发展高等职业教育"的要求。这一项要求的提出，符合"中国制造2025"的战略要求，是国家在高素质技术技能型人才匮乏的现实基础上做出的重大决策。

（二）人口结构变化与职业教育政策调整

新中国职业教育政策的变迁与人民生活水平的提高和人口结构的变化交汇。自20世纪70年代实施计划生育政策以来，我国人口结构发生了较大变化，如今，在人口增速下降的同时，我们还面临人口老龄化问题。独生子女人数大量增加，加之人们生活水平不断提高，激发了更多、更高的教育需求。尤其是进入新时代以来，人们对教育层次的需求也发生了变化，更加注重教育质量，教育类型也呈多元化趋势。除了面向青少年学生的职业教育以外，专业性的职业培训、继续教育、老年教育等都得到了一定的发展。且从新中国高等教育的结构来看，构建现代化的职业教育体系至关重要，唯有推进职业教育政策创新，才能更好地满足人们对高质量教育的需求和终身发展的需要。

（三）不同层次职业教育主体承担的职责

一是高职教育与普通高等教育衔接的需求。新中国成立后，政府

---

① 《国务院关于大力发展职业教育的决定》，国发〔2005〕35号。

非常注重教育的公平性，在全面推行义务教育的同时，职业教育也为教育公平做出了显著贡献。随着经济、社会的发展，职业教育的功能和作用得到日益完善。在全国推行高等教育改革的同时，包括高等职业教育在内的高等教育规模快速扩张，普通高校和高职院校的数量激增。但一段时间以来，高等教育改革走的是精英化教育路线，因此，《国家中长期教育改革和发展规划纲要（2010—2020 年）》提出进一步提高高等教育大众化的要求，高等职业教育和普通高等教育在推进高等教育大众化方面应各自肩负起重要的职责，二者应做好有机衔接。在新形势下，高等职业教育只有不断提高自身的教育教学质量，才能更好地衔接高校教学，满足社会发展对不同层次、不同类型人才的需求。

二是中职教育与高职教育衔接的需求。总体来说，国家对于中等职业教育十分重视，并且为新时期中等职业学校的发展提供了支持。在高等职业教育政策方面，2005 年，颁布的《国务院关于大力发展职业教育的决定》要求高等职业教育招生规模应占高等教育招生规模的一半以上①，这也成为高等职业教育改革的契机。近年来，国家对高等职业教育的关注度明显增加。政策变化显示，国家加大了对高等职业教育的支持力度：一方面，中等职业教育在新中国职业教育发展中占有重要位置；另一方面，高等职业教育未来有更为广阔的发展空间。职业教育在提高中国劳动力的整体素质上功不可没，发展各层次职业教育并做好中高职教育的衔接是教育事业发展的趋势②。

（四）政策话语与职业教育政策导向

职业教育政策话语属性不同，其对职业教育实践的指导性也会不同。例如，当前职业教育政策话语中比较注重人才培养模式的创新，这将在一定程度上推进各职业学校创新人才培养模式的自主性和积极性。近年来的职业教育政策常使用"大力推进""大力发展""加快

---

① 《国务院关于大力发展职业教育的决定》，国发〔2005〕35 号。
② 武智、孙兴洋、赵明亮：《教育生态学视域下高职教育内涵式发展对策研究与实践》，《黑龙江高教研究》2018 年第 4 期。

发展"等话语，这也表明了政府对职业教育发展持有的态度。纵观新中国职业教育政策的变迁历程，政策话语大致经历了由经济学话语为主导向以政策话语为主导过渡的过程①。

政策话语从前两个阶段的以经济政策话语为主导逐步转换成以社会、伦理、公共管理为主导，梳理职业教育政策话语，可以反映出如下情况：

第一，国家对职业教育的社会功能给予了充分重视，并对职业教育有了更为深入的认知，职业教育不仅是为经济社会发展培育合格的劳动力，而且应该发挥维护社会稳定、消除贫困的作用。因此，国家在政策制定上给予贫困地区职业教育发展和民族地区的贫困学生更多的倾斜，有助于实现社会公平。推动区域经济发展，既可以提升劳动者素质，也有助于实现区域协调发展。

第二，职业教育不仅要关注经济社会的发展，还应该关注职业教育本身如何更好地满足群众终身发展的需要，将职业教育作为提升全民素质的重要途径。职业教育政策在前两个阶段只注重学生的能力提升，到了新阶段在关注学生职业素养的同时，还应该关注学生的职业道德，使职业道德教育贯穿教学始终，并将职业道德作为重要指标纳入学生的质量评估之中。

第三，政府开始将市场机制引入职业教育发展中，鼓励社会力量参与职业教育办学，给予民办教育更多发展支持，扩大院校招生自主权，主张政校企分开，更好地满足群众需要；同时，加强职业教育质量评估，引入第三方评估，加强群众监督，保障群众的知情权和参与权。可以说，从职业教育政策演进过程看，职业教育的政策话语权演变不仅受到外部因素影响，也受到自身内在发展规律的制约。

三、利益主体制衡职业教育政策迭代更新

新中国职业教育政策变迁历程分为制度存续的"正常时期"和制

---

①　任雪园、闫广芬：《我国职业教育行业企业办学的历史变迁与制度逻辑——基于历史制度主义的分析范式》，《中国职业技术教育》2021年第3期。

度断裂的关键节点。其中，最主要的关键节点分别是 1949 年新中国成立、1978 年改革开放和新时代等。在关键节点上，职业教育政策的连续性和稳定性往往被打破，出现制度断裂，但制度断裂也诱发了新制度的产生，并且职业教育逐渐进入相对稳定的"均衡"时期。从整体上来看，新中国职业教育政策变迁遵循了历史制度主义制度变迁的逻辑，呈现出"断裂均衡"的特征①。

（一）政策均衡和政策失衡情况并存

政府、职业学校、学生、行业企业作为职业教育的相关利益主体，当它们都能够从现有政策中获得利益时，改变政策的意愿较低，但当利益相关者的利益受损时，可能会出现推动政策变革和创新的力量②。一般而言，政策处于稳定状态，就会形成政策均衡，但政策均衡只是暂时的，新矛盾的出现必然会打破原有的均衡状态，相关利益主体对政策的不满会促使其形成联合力量，推动政府在政策上做出调整，进而引起政策失衡。不论是政策均衡，还是政策失衡，都具有一定的合理性。从政策变迁的角度来讲，政策变迁的起点是政策均衡，而政策失衡是伴随新问题和新矛盾而产生的，政策变迁的过程实质上是"失衡"后创新变革再到"均衡"的过程。"失衡—创新—均衡"是一个政策变迁周期，在这一动态过程中，新矛盾的产生导致原有政策需要变革③。

职业教育政策变迁的动态过程是一种自然状况，政策参与者在政策变迁和政策走向问题上占有核心地位，新中国职业教育政策的演变历程就证明了这一点。每一项职业教育政策的颁布初期，都会处于一种初始均衡的状态，这也是政策得以执行的重要前提。但伴随经济、社会的发展，原有政策的弊端也会日益暴露，初始政策的均衡状态就

---

① 潘懋元、朱乐平：《高等职业教育政策变迁逻辑：历史制度主义视角》，《教育研究》2019 年第 3 期。

② 武智：《关于构建高职教育政企校协同育人共同体的思考》，《教育与职业》2018 年第 10 期。

③ 何俊志：《结构、历史与行为——历史制度主义对政治科学的重构》，复旦大学出版社，2004，第 104 页。

会被打破，此时唯有创新性政策的提出，才能将其推向更高层次的均衡状态。总而言之，作为公共政策的一种，职业教育的政策变迁同样具有不可逆性。具体表现为：职业教育政策变迁是从"旧"向"新"实现政策转变，是政策的再生过程；同时，政策变迁过程是政策实现自身优化的过程，通俗地讲，是政策从"坏"向"好"到"优"的转变过程，因而变迁的方向具有当然的不可逆性。

（二）多元利益主体之间相互制衡

新中国职业教育政策变迁涉及多个领域、部门，如政府、职业学校和行业企业等。尤其是推行校企合作制度改革以来，学校、企业与社会组织等对职业教育的发展有着更多的需求。制度改革的过程实际上是充满矛盾和冲突的，不同利益主体之间的博弈和制衡贯穿了职业教育政策变迁的全过程。

首先，政府在职业教育政策调整中负责统一设计和协调管理。新中国职业教育政策具有一定的特殊性，虽然政府部门会极力考量不同利益主体的需求，尽量保障各自的利益，但一项政策的制定不可能是完美的，必然会造成对部分利益主体某些方面的忽视，从而在政策推行过程中产生一些矛盾。以校企合作的相关政策为例，推行校企合作的初衷有助于高职院校人才培养与社会发展对接[1]，但在短期目标和长远利益不能兼顾时就要面临抉择，不论选择哪一方都会触及某一主体的利益。

其次，职业学校和企业通常既是政策的实施者，也是政策的维护者。职业教育政策通常以促进职业教育发展、壮大职业学校为目标之一，多项职业教育政策的出台会为职业学校带来新的发展机遇。在新中国成立之初的职业教育政策中，职业学校多是在政府的指导下发展的，但这一时期对于人才需求和人才培养的关照较少，因而也导致了企业在职业教育体系中处于弱势地位[2]。政府部门在意识到这一问题

---

[1]　陈玺名：《职业教育校企合作中的计划与市场》，《现代教育管理》2015年第1期。

[2]　文益民、易新河、韦林：《利益相关者视域下校企合作综合评价指标体系构建研究》，《中国高教研究》2015年第9期。

后，为了平衡多元主体的利益，积极推行校企合作制度改革，虽然在一定程度上发挥了利益协调的作用，但政府理性选择下的职业教育改革路径，其消极效应也十分明显。

（三）新旧政策之间具有明显的承继关系

职业教育政策变迁过程中的每一次断裂，并非对已有制度的彻底抛弃，新旧政策之间具有继承关系。新中国成立以来，职业教育指导思想、组织结构和职能范围的设置等，虽然在职业教育政策上有所调整和突破，但原有的路径依赖并没有彻底改变，职业教育政策变迁呈现出渐进性的特征，这在一定程度上保障了职业教育的稳定推行。遵循路径依赖规律的一个好处在于不会出现制度的剧烈动荡。总体而言，新中国职业教育政策遵循了历史变迁规律，保持了政策整体上的稳定性和连续性。

新中国成立后，为稳定经济、社会发展，结合当时的国情，国家出台了一系列教育政策，重点发展专业技术教育，并形成了中等专业教育体制。在政策的指引和推动下，中等专业学校得到快速发展，技工教育成为主流。同时，该时期还涌现出了城市职业学校、半工半读等新兴的职业教育形式，体现了该时期职业教育政策的创新。直至 20 世纪 70 年代中后期，中等专业教育才得以恢复。

一方面，职业教育在该时期得到初步发展，各级政府和有关部门加强了对职业教育工作的领导和支持，以就业为导向，改革与发展职业教育逐步成为社会共识，高等职业教育得到快速发展，中等职业教育出现逐步回升的良好势头，职业教育主动服务经济、社会的意识明显增强。各级政府和有关部门巩固和扩展了现有职业教育资源，促进职业院校办出特色、提高质量。另一方面，进一步改革招生、就业制度，扩大中等职业教育招生规模，使中等职业教育与普通高中教育的招生比例保持大体相当，在有条件的地方职业教育招生人数所占比例更高一些。在新时代高等教育中，高等职业教育招生规模约占高等教育招生规模一半以上，为职业教育的创新发展创造了有利条件。可见，职业教育已成为我国教育发展的战略重点。

新中国职业教育经历了兴起、初步发展、曲折发展、高速发展等历史时期，一方面，职业教育在不同时期的政策推动下为经济、社会发展作做了一定的贡献；另一方面，伴随经济、社会环境等的变化，职业教育政策应不断进行调整和优化，新旧政策交替才能保持职业教育政策与社会和个体发展需要之间的动态平衡。

第二节　新中国职业教育政策变迁的历史经验

改革开放以来，职业教育在国家大力推动之下获得了前所未有的发展机遇，无论是在政策主体和政策目标，还是在政策过程和政策话语权方面都体现出了一定的演变逻辑。但政策引进过程中也存在着政策形成动力机制缺乏活力、部分政策目标没有真正落实、学校办学自主权还没有真正地发挥作用、职业教育办学规律没有得到充分尊重、政策实施缺乏保障机制、政策话语的文化规则过于功利化、对于职业教育还缺少充分的尊重等问题。因此，为了更好地推动职业教育政策科学化、民主化、程序化，职业教育政策在动力机制、价值取向、政策规划、保障机制等方面还要加以完善，要以新发展理念作为指导，对职业教育政策进行优化，为构建具有中国特色的现代化的职业教育体系奠定坚实的政策保障。同时，职业教育政策的演进逻辑也体现出了政策理论研究分析范式，对于职业教育政策的研究手段和视角要更为多元化，要综合运用社会学综合理论、政治学团体理论和社会学批判理论等对职业教育政策理论进行系统分析，进一步提升职业教育政策理论的高效性[1]。要通过利益团体之间的互动使政策制定变得更为科学，通过对政策内容在相关领域的影响的批判分析，真正实现职业教育的进步，为职业教育公平化奠定坚实的基础。

一、以问题为导向完善职业教育政策

政府不仅是国家资源的提供者和分配者，也是经济、社会发展政

---

[1]　邓宏图：《组织与制度：基于历史主义经济学的逻辑解释》，经济科学出版社，2011。

策、制度的制定者。随着制度在经济社会发展中的作用的日益凸显，国家也更重视制度的供给并给予了制度更多的关注。国家在推动制度制定和完善进程中也从传统的社会制度逐渐向现代社会制度转型，并在转型过程中对相应的政策、制度进行研究和经验总结。美国社会学家詹姆斯·科尔曼提出："制度蕴含利益。规范蕴含的利益不能形成规范，也不能确保规范必然形成。但利益为规范提供了基础，即接受外在影响的人们产生了对规范的需求。"① 制度具有权威性的特质，政府在落实制度过程中更加关注制度所产生的绩效，对于高职教育制度的探讨主要涉及高职教育发展的内容、过程和方式。例如，对高职教育与民众之间的关系进行论述，探讨高职教育对企业发展的价值和作用，等等。新中国高职教育发展仍属于政府推动型。在新的时代背景下，中国经济发展模式正在转型，产业升级不断加快，为了更好地适应新的经济、社会发展需求，必须不断扩展职业教育的社会功能。作为内部非常复杂的组织，高职院校面对新的形势也需要借助内外部优势支撑其自身办学，既要加大对内部资源的整合力度，也要借助政府制度来推进校企合作网络建设，实现高职院校的健康稳步发展。

政策实质上是对价值观的确立和对价值内涵进行协调优化，在此基础上，为决策者提供价值观选择的一种方式。法国社会学家布尔迪厄指出："对一个群体的权力——这个群体即将作为一个群体而被引入存在——不可分割地，是一种通过对其强加看法与分类的共同准则，并且由此把一种关于其认同的唯一看法与关于其统一体的共同看法强加于其上而创造群体的权力。"② 职业教育在发展进程中与普通教育存在明显不同，公众对于高等教育功能的定位和认知还存在一定偏差，人们更认同普通教育而相对轻视职业教育，这种价值观念会直接影响人们的教育选择，只有转变人们的教育选择，才能够提升职业教育的社会地位。现代职业教育结构体系需要结合经济、社会发展的

---

① 危险姆斯·科尔曼：《社会理论的基础》，邓方译，社会科学文献出版社，1999，第294页。

② 皮埃尔·布尔迪厄：《言语意味着什么：语言交换的经济》，褚思真、刘晖译，商务印书馆，2005，第116页。

具体情况对结构内容进行优化，具体可以从职业教育类型、专业设置具体布局和实践主体等方面对职业教育结构体系进行优化。

首先，进一步明确职业教育人才培养目标。随着经济、社会不断向前发展，国家和社会对于职业教育人才提出更高要求，职业教育院校应该结合经济、社会发展的具体要求及企业需求，从现代社会技术发展角度出发，对职业教育培养目标有全新的认知，理解技术文化的内涵。现代职业教育不仅要为区域经济、社会发展提供优秀的技术应用型人才，也要结合社会个体在转岗、转业方面的需求，为其提供职业教育培训机会，丰富职业教育培训内容。要明确职业教育不是终结性教育，而是开放性教育、终身学习教育。职业学校要树立大教育系统理念，不仅要为青少年提供专业的教育培训服务，也要向成年人敞开，为各种有教育需求的成年人提供各类职业教育机会。在职业教育形式上，既要开展正规的课堂职业教育学习，也要根据企业和行业发展需要开展非正规的教育培训。既要重视职业学校的未来发展规划，也要将学校职业教育与非学历教育的职业培训有机结合，广泛开展职前教育、转岗教育等，满足当前各个行业、各个岗位不同人员的职业教育需求。

其次，优化职业教育层次结构。职业教育层次结构是指为经济社会发展输送人才的数量和规格。我国职业教育存在的主要目的就是为社会主义现代化建设输送足够的技术人才。在人才培养过程中，既要注重培养技术技能型应用人才，也要结合当前产业结构调整和就业结构调整的需求培养复合型人才[1]。例如，在以高新技术产业为主导的经济较发达的东部地区，职业教育应该结合高新技术产业需求培养高层次的技术型人才，既满足高新技术产业和企业的用人，还可以考虑提供研究生层面带有研究性、创新性的教育，为企业输送更高质量的技术型人才。从专业结构角度看，职业教育专业结构改革主要受到社会产业结构变动的影响，在改革过程中必须从技术变迁入手。在专业

---

① 李玉静：《世界各国职业教育层次结构发展探析》，《职业技术教育》2014年第22期。

结构改革之前，应该对区域内的产业结构和就业结构进行调查和分析，并结合本地经济、社会发展现状及存在的问题具体探讨专业结构改革的方向，从长远角度出发，用发展的眼光讨论专业结构调整问题。

再其次，优化职业教育进行的时空结构。职业教育要主动适应当前科学技术的发展，充分考虑现代社会技术对职业教育时空结构产生的影响，既要关注迅捷的网络和海量资讯发展给职业教育带来的机遇和挑战，也要利用好互联网信息手段和资源拓展职业教育的办学空间。与此同时要加大投入为职业教育的开展提供除了全日制和固定场所学习之外的更为科学、充满弹性的学习时间和载体，为学习者带来更大的学习和提升空间。当前，中国的职业教育布局还存在区域发展不平衡的问题，东部地区的发展水平要远远高于中部和西部地区。因此，东、中、西部在人才质量方面存在很大差距。另外，当前人才城乡供给和需求结构不对称、结构性失业问题依然存在。这些都要求职业教育在时空结构优化上要对此给予足够的关注，要通过对职业教育空间布局结构的优化，进一步缩小城乡发展差距，同时，要给予职业学校更大的办学自主权，让职业学校在发展过程中能够获得更多的社会资本，拓展职业学校的发展空间①。

最后，优化职业教育办学主体结构。新中国的职业教育对政府产生了较大的依赖，但这种依赖也为职业教育发展提供了有利条件，特别是公办职业学校得到了政府的政策支持和资金支持，师资力量不断增强，培养出来的人才也能够更好地就业，从而形成良性循环。而民办职业教育由于没有得到政府有力的政策支持，因此发展环境较为恶劣，在前进的道路上举步维艰②。公办职业学校和民办职业学校之间会有如此大的差距，既有政策因素，也有历史和文化观念的影响，但最主要的原因是教育市场机制不健全，政府与市场之间在职业教育领

---

① 马树超：《区域职业教育均衡发展》，科学出版社，2011，第 226 页。
② 黄立志、李名梁：《五年来我国职业教育与区域经济协调发展研究综述》，《职教通讯》2010 年第 6 期。

域里的关系没有处理得当，难以给予职业教育平等、公平的竞争环境。因此，必须对职业教育办学的主体结构进行优化，通过办学主体结构的优化，给予民办职业教育更为公平的发展环境和更为公正的竞争空间，让民办职业教育与公办职业教育站在同一起跑线上，获得同等对待，从而提升职业教育的整体发展水平。

二、构建统一、协调的职业教育动力机制

职业教育管理体制主要是指机构设置、机构之间层级关系及机构之间的权责划分。从国家层面看，国家更加关注职业教育体制的机构设置，以及以何种形式划分中央与地方之间的权责及职业院校自主权的问题。因此，职业教育要想在新时代不断向前发展，就要对职业教育管理体制进行创新和变革。职业教育政策动力形成机制转变主要集中在以下几个方面：

（一）建立上下贯通、职责分明的职业教育管理架构

首先，从中央与地方的关系角度看，为了促进职业教育发展，中央层面设置了职业教育主管部门。其职责主要是：从宏观上制定职业教育发展的大政方针；推动国家层面的职业教育政策落实；与劳动部门、财政部门、教育部门协调相关事宜；积极参与职业教育管理体制变革；对各类学校办学定位加以界定，减少职能交叉；明确各部门职能权限，使同一类型的职业教育能够归属于统一的机构进行管理。

其次，职业学校逐步获得越来越多的办学自主权。政府的角色定位发生了转变，政府从办学的主办者转变为服务者和监督者，对于职业学校的发展更多地起到的是引导作用，并在财政和就业方面给予足够的支持。学校内部事务应该由学校自主管理，在学校内部管理、招生制度、课程安排、教学等方面应该给予学校足够的自主空间。学校在国家的政策引导下，逐渐发展成为有自主特色的个体。在专业设置上，职业学校应该结合市场和企业需要及时开放新专业，淘汰老旧专业，适当控制专业规模。在人才培养模式上，职业学校应从行业和企业需求出发，主动引企入校，开展深度校企合作，联合制定学生培养标准和培养规划。

此外，要以办人民满意职业教育为导向，构建包括政府、企业、行业、社会在内的多元、互动管理模式。政府要引导职业学校主动邀请行业、企业代表和职业教育专家深度参与职业教育管理，搭建多元化的平台，打通沟通渠道，多管齐下收集各方对职业教育的意见和建议，进而制定更为科学、民主的职业教育发展政策、制度，提升职业教育管理的科学性和民主化。

（二）推进职业教育产业化

职业教育通过实施产业化对办学主体结构进行优化，在这一过程中，应该将职业教育作为特殊产业加以对待。应结合职业教育发展的具体需求，制定特殊的产业支持政策，进而推动职业教育办学主体结构改革，完善职业教育体系，使职业教育与经济社会发展结合得更为紧密[①]。首先，要明确产业化的职业教育是一种特殊产业。在运行过程中，职业教育可以参照产业规则和方式，进一步明确职业教育的最终目标、在市场上的功能定位、经营方式，以及生产与交换权利，找到职业教育满足职业社会发展的需求点，并以此作为职业教育产业化的行动方向。这样才能够在职业教育与职业社会之间寻找到共同语言，通过对话、交流、合作等方式，建立符合双方实际的职业教育与职业社会合作模式，为职业社会输送人才。其次，职业教育产业化是培养全面型人才的有效方式。当前，随着经济、社会的发展，对于人才的要求也越来越全面，除了掌握必要的专业知识以外，人们还需要掌握必备的计算机管理和运用等方面的知识，这就要求职业院校在开展教育活动过程中既要关注受教育者的需求，解决受教育者的就业问题，也要帮助就业者规划好自己的职业生涯，满足就业者的发展需求。当前，年轻人对于职业生涯发展的需求越来越强烈，职业教育体系必须打破原有的半封闭状态，树立起更为开放的职业教育理念，吸引更多人加入职业教育产业化之中，进而拓展产学研的空间和市场，

[①]　康元华：《产业结构演变与职业教育的互动关系》，《经济研究导刊》2011年第33期。

帮助更多的就业者实现就业，实现全面成长①。最后，职业教育产业化具有公共服务的产品特征。职业教育产业化不仅要满足企业的需求，还要满足人们和职业教育自身发展的需求，在这一过程中需要政府为职业教育产业化制定相应的政策，充分发挥政府的宏观调控职能，将职业教育产业化作为推动公共服务的重要内容之一，为职业教育产业化制定相应的政策，结合职业教育发展需求完善相应标准。

（三）优化职业教育办学主体结构

学校职业教育发展需要实现三大突破。首先，职业教育要从依赖于政府政策逐渐向创新创造方向可持续发展。要结合职业教育发展现状，通过先进理念引领职业教育体制机制改革、人力资源改革、薪酬制度改革等，进一步增长改革红利，让职业教育主体——政府、社会、学校都能获得红利，进而增强职业学校教育改革的动力，将职业学校教育改革推向深入②。其次，要推动职业教育增长动力从政府政策驱动向政府与市场双重驱动转变。当前，很多职业学校在发展过程中更多依靠的是政府提供的政策和资源，成了政府的附属部门，完全失去了自身发展的主导权，导致校企合作难以深入开展，相应制度落实流于形式，行业和企业无法真正地参与职业教育发展。政府与市场共同驱动，既能够让职业教育获得政府的政策支持和资金帮扶，也能够撬动各类市场资源参与职业教育发展，形成教育合力，同时，在互动过程中能够形成相关利益主体多元化投资机制，让职业教育真正成为多元主体共同关注、共同参与的教育领域。最后，职业教育专业设置要由原来单一化、同质化向多元化、特色化转变。随着中国经济、社会不断向前发展，行业和企业发展的不确定因素越来越多，加之技术结构与技术更新速度越来越快，网络信息技术的普及使社会分工越来越细，相应地对技能和技术的要求也越来越多元化。如果在专业设置上依然按照原来的标准落实，必然会制约职业教育人才培养的质量

---

① 匡远配、陈红颖、夏金星：《农村职业教育的公共产品特征分析》，《农村经济》2007年第2期。

② 栾兆云：《职业教育多元化投资的主体动机、风险及防范》，《教育与职业》2015年第25期。

和品质，也难以为行业和企业发展，以及技术创新输送合格的技术人才。因此，多元化、小批量专业设置更符合行业和企业对职业教育的现实需求，更适合劳动力市场职业结构更新变化趋势，更能够为经济社会发展输送大量合格人才①，同时，也有助于提升职业教育在社会上的影响力，招收到更多优质生源，提升人才输送质量，形成职业教育发展的良性循环②。

（四）构建法治视野下的现代职业教育政策体系

要结合职业教育发展实际，为其营造良好的外部环境。一方面，要完善职业教育法律体系，为职业教育发展提供更为公平的外部环境，加强保障公平的配套法和单项法建设，更好地体现职业教育法律体系的公平理念，进一步提升法律效力，帮助职业教育理顺利益相关主体权责关系；另一方面，要建立国家权力机关、行政机关、司法机关与民主党派、社会团体、媒体和群众等社会监督相结合的法律监督体系，使职业教育的所有利益相关者和所有活动都处于有利于公平的法律监督范围内，保障法律法规的贯彻实施，保障职业教育公平的实现③。

总的来看，党中央、国务院高度重视职业教育的发展，并从宏观层面建立了职业教育法律法规体系，各级地方政府也结合中央要求制定了相应的配套法律机制，形成了自上而下的统一的职业教育法律法规体系，作为职业教育发展的现实法律依据。从横向层面看，一方面，国家相关部门根据自身职能，结合本部门负责的职业教育内容出台了有针对性的相关政策；另一方面，教育部门自上而下形成了法律政策制定和落实的一致性，要求部门与部门之间要相互交流沟通，确保政策执行不走样不变形。结合职业教育的实际发展，需要对相关政

---

① 李名梁、高磊：《基于利益相关者视角的职业教育吸引力研究》，《职教通讯》2011年第7期。

② 姚树伟、谷峪：《职业教育发展动力因素分析及机制优化——基于利益相关者视角》，《现代教育管理》2013年第12期。

③ 谷峪、姚树伟、王冰：《公平视野下职业教育发展的环境建设与关系考量》，《教育研究》2013年第9期。

策进行及时调整和更新，确保法律的连续性，同时，在立法过程中也应该广泛听取社会各界意见，确保制定的法律更为科学、严谨、合理。

首先，建立健全职业教育的基本法律制度。要以宪法作为依据，制定和完善与职业教育相关的各类法律制度。当前，针对职业教育发展国家出台了《中华人民共和国职业教育法》，但这部法律更多是从宏观层面明确了职业教育发展的相关问题，对于具体涉及各个领域的职业教育发展的相关问题探讨得相对较少，因此缺少相应的可操作性和指导意义。在此基础上，结合职业教育发展的具体情况，国家又分类制定了《中华人民共和国高等职业教育法》《中华人民共和国中等职业教育法》等，为职业教育发展提供比较完善的法律制度保障。

其次，逐渐完备职业教育行政法规。当前，职业教育在发展过程中需要政府的宏观指导和监督，行政法规在其中发挥了重要作用。行政法规是国家在行政管理过程中所依据的规范性文件，这些规范性文件对于职业教育各项活动的开展具有重要指导意义。行政法规虽然在执行效率上低于宪法和法律，却起到了良好的补充和保障作用。职业教育行政法规的制定，就是为了解决职业教育在发展过程中遇到的各种问题，制定的目的就是为职业教育发展提供法律指导，规范职业教育各项活动的开展。

再其次，将职业教育学历体系纳入法治轨道。职业教育是新中国教育体系的重要组成部分，但学历层次较低，有必要参照发达国家职业教育发展经验，完善新中国职业教育体系，不仅要开展专科、本科职业教育，也要结合当前行业和企业需求，完善硕士乃至博士阶段的职业教育。职业教育体系需要以立法的形式明确职业教育类型，这样职业学校的社会地位能够有所提升，职业教育也会被社会公众认可和接受。

最后，职业资格证书制度和劳动就业准入制度日趋完善。职业资格证书制度的建立为解决职业教育院校学生就业问题提供了支持，是毕业生走向工作岗位的一封"介绍信"。《中华人民共和国职业教育法》第8条规定，"实施职业教育应当根据实际需要，同国家制定的职业分类和职业等级标准相适应，实行学历证书、培训证书和职业资格证书制度"。可见，国家政策层面要求各地结合实际完善职业资格证书制度，但政策在落实过程中依然面临诸多难点。部分职业学校按照政策要求，同时结合就业准入制度调整教育计划、内容和方法，甚至将取得职业资格证书作为一项硬性规定。这种政策落实机制虽然在一定程度上促进了学生职业资格证书的取得率，但实际上也影响了部分学生的顺利毕业。因为，从政策层面上来看，职业资格证书制度并不完善，根据《中华人民共和国职业分类大典》，我国职业共划分为1 838 个细类，其中专业技术人员 379 种，而政策要求必须持证上岗的技术工种是 95 个。而且，现有的职业资格证书认证标准存在差异，资格证书获得的方式不尽相同，甚至存在不允许在校生考取职业资格证书的情况①，这种政策与操作之间的矛盾是难以协调的。

政府结合职业教育发展实际，对劳动就业准入制度和职业资格证书制度进行改革，进一步明确职业资格证书制度和劳动就业准入制度的适用范围，充分发挥这两项制度的特点和优势，更好地指导再教育各项活动的开展。在具体实施过程中，政府应充分发挥宏观调控职能，结合经济、社会发展的实际需要及学习者的具体发展要求，对教育行政行为进行适时、适当调整，更好地保障教育行政行为符合既定的社会目标。应从教育目标角度出发，对职业教育资源进行优化配置，让职业教育资源更符合目标最大化的实际需求。在市场失灵的情况下，教育行政主管部门要主动伸手，以行政手段解决市场失灵带来的各种问题。但这种行政手段应符合教育规律和社会发展规律，不能凌驾于一切市场因素之上②。政府要结合职业教育发展实际，完善相应的法律规制，通过宏观调控手段，优化职业教育资源配置，完善职业教育相关制度，为职业教育发展营造良好的社会环境。同时，要积极引导职业学校加强自我管理，引领职业文化，实现职业教育与社会

---

① 周宁宁：《论我国高等职业教育法律制度的完善》，硕士学位论文，湘潭大学，2006。
② 姚树伟、谷岭：《职业教育发展动力因素分析及机制优化——基于利益相关者视角》，《现代教育管理》2013 年第 12 期。

发展的多元互动和共同进步。

三、职业教育走内涵式特色化发展之路势在必行

职业教育是社会向前发展的必然结果，因此，必然会受到经济、社会、文化等多种因素影响。职业教育体现的是政府的意志，职业教育存在的目的是为社会发展服务。作为培养人的活动，职业教育更需要关注人的发展，将提升人的综合素质作为重要的价值取向。

（一）以学生为中心，确立服务学生成就学生理念

职业教育发展重点从外延扩张转向内涵建设，需要凸显学生的中心地位，发挥学生的主体作用。按照学生职业能力成长规律和可持续发展的需要，职业院校要树立"服务学生，成就学生"的办学理念。服务学生旨在增强和提高服务学生的能力和水平，提供有效服务、精准服务和引领服务；成就学生是将学生视为服务的体验者和消费者，提供文化和技能的双重菜单，厚植文化底蕴，精湛一技之长，培养职业核心能力，持续强化精益求精的工作态度和要求，将工匠精神融入人生信条，成就学生发展。因此，职业教育政策的制定既要满足经济、社会发展需求，也要综合考量学生的自身发展需要①。

职业教育政策应该关注学生本身，更加注重学生的需求和发展②。首先，职业教育应该回归本质，在职业教育目标确定上更加关注学生的发展，从关注外在的目的逐渐向关注学生的个性和创造力发展过渡，更加关注学生的个性和潜能的发挥，为经济、社会发展培养综合型、全面型人才。其次，职业教育在关注学生竞争的同时，也要满足学生的精神需求。职业教育政策制定要关注学生专业课程内容和标准，并对其进行明确和规范；同时，职业教育还要给予人文学科足够的空间，确保职业教育内容的丰富性和多样性，满足学生的精神需求。最后，职业教育要树立"以人为本"的价值取向，考虑学生的成长需求，帮助学生全面健康成长，在课程内容设置上应该更加贴近学

---

① 郭广军：《〈职业教育法〉修订的对策与建议》，《教育与职业》2015年第9期。
② 陆俊杰：《职业教育发端与发展的逻辑辨析》，《职业技术育》2015年第6期。

生生活，符合学生内在发展规律；同时，要切实保障学生的合法权益，为学生申诉提供多元化渠道，打通职业教育"立交桥"①。

习近平总书记十分关心职业教育发展问题，明确指出职业教育要充分弘扬劳动光荣精神，坚持技能宝贵、创造伟大的时代方向，主动适应行业和企业发展需求，努力为中国特色社会主义现代化建设培养数以万计的高素质劳动者和技术技能型人才。同时，各级地方政府也应该主动关心职业教育发展问题，营造人人皆可成才、人人尽展其才的外部发展环境，积极支持地方职业教育发展，让职业教育成为推动地方经济、社会发展的重要主体。习近平总书记对职业教育的正面宣传，有助于树立尊重一切劳动的职业教育文化，有助于引领劳动光荣、职业平等的新风尚和思想理念。特别是地方政府，要充分发挥领导、统筹、调控管理职能，深刻把握好职业教育宣传主渠道，结合职业教育发展实际，建立自上而下的职业教育信息传播网络，构建更为广泛的职业教育宣传平台，充分调动社会力量参与到职业教育宣传之中，提升职业教育在社会上的影响力，让广大人民群众都能够听到职业教育的声音，形成职业教育宣传共同体，为职业教育发展营造良好的外部空间。

在宣传推介工作的重点上，党和国家要把社会对技术技能型人才的需求集中地反映出来，将人才作为中国特色社会主义现代化建设的关键要素宣传出来，积极倡导行行出状元的社会理念，引导青少年群体及在职的劳动者找到自己喜欢、适合的工作岗位，并全身心地投入其中，成为社会和国家有用的人才。这既是职业教育发展的主要责任，也是各类宣传媒体平台的主要责任。只有通过大力宣传人才的宝贵性，大力宣传在平凡岗位上做出不平凡事迹的劳动者，才能够深化社会对职业教育重要性的认知，才能够更好地摆脱职业教育在广大人民群众中的刻板印象，改变广大人民群众对于职业教育的态度。

当前，中国沿海发达地区已进入了后工业社会时代，居民生活条

---

① 林克松、石伟平：《改革语境下的职业教育研究：近年中国职业教育研究前沿与热点问题分析》，《教育研究》2015 年第 5 期。

件得到极大改善，这也促使职业教育院校的毕业生对工作岗位的要求更高，进一步增强了职业教育院校毕业生的岗位流动性，同时也导致出现了职业教育院校毕业生不愿意从事比较辛苦的行业企业一线工作的现象，导致部分行业和企业高端技能型人才的缺乏。因此，有必要加大对职业教育院校学生的思想政治教育，引导广大职业教育院校学生树立正确的劳动观念和学习观念，将社会主义核心价值观教育与职业教育人才培养紧密地结合起来。

要正确地认识社会主义核心价值观的本质和内涵，进一步明确青少年群体是国家和民族发展的未来，他们的价值取向会影响到整个社会的价值取向。各类职业学校在人才培养过程中要始终坚持职业道德教育、合作意识教育、创新能力教育等，引导职业教育院校青少年群体树立人人成才、多样化成才观念，在教育过程中注重学与思的结合，注重知与行的统一。职业教育院校要充分发挥自身的特点，为社会主义现代化建设输送德技双馨、身心健康的技术技能型人才和高素质劳动者。

引导职业院校学生改变思想观念显然不是短期能够完成的事情，需要一个比制度建设和政策制定更为漫长、系统的教育过程，在这个过程中，新旧观念注定会产生冲突，思想观念改变的环境注定更为复杂。特别是当前，中国正处于社会转型期，一方面，传统的官本位思想仍然对青少年群体的就业观念产生着影响；另一方面，各类职业教育院校在人才培养过程中对于学生的思想观念关注不够①，这就需要政府因势利导为职业院校人才培养营造更为多样化的人才成长环境，让人们从传统、落后的思想观念中摆脱出来，树立新的就业观；满足不同人群成长成才的发展需要，并支持不同教育类型的职业院校发展，充分发挥协同育人的功能和作用，为职业院校学生全面发展创造有利条件。

（二）职业教育要找准自身发展的"生态位"

职业教育内涵式发展就是要坚持特色化办学理念，把增强办学的

---

①　王树荫：《人的彻底解放与全面发展——中国共产党百年思想政治教育的价值导向》，《马克思主义研究》2020 年第 10 期。

特色置于院校发展的重要日程上，重视和加强教育品牌的培育工作，不断提升职业教育的整体能力和水平，找准自身发展"生态位"①。政府在政策制定过程中开始考虑政策的公平性，给予了农村职业教育和民族地区、贫困地区更多的政策倾斜，保障贫困地区学生能够接受职业教育，提升农民的职业技能，并给予特殊人群更多的政策优惠，让特殊人群在接受职业教育过程中能够享受公平公正的待遇②；针对贫困学生也制定了相应的帮扶措施，确保他们不因为贫困而失去接受职业教育的权利。职业教育只有惠及更多的人民群众，才能更好地体现职业教育的群众性。

职业教育水平的高低直接影响国家的建设和发展，也会影响社会的和谐与稳定程度。因此职业教育在世界各国都受到关注，各个国家都结合本国的实际情况出台了相应的政策措施支持职业教育的发展。西方发达国家对于各种技术技能型人才的需求更为强烈，特别是很多老牌资本主义强国，技术技能型人才在其经济结构调整过程中发挥了重要作用，同时这些技术技能型人才也为社会创新、进步提供了人才支撑和智力支持。在现实生活中，每个家庭都希望子女获得较好的工作岗位，子女未来的发展代表了家庭未来的发展。但必须承认的是，不同家庭在培养子女学习能力方面存在一定的差异，特别是在中国现有的教育体制下，不同教育阶段的学生会因为各种因素出现分流、分化的情况，但无论是接受普通教育，还是接受职业教育，所有的家庭都希望自己的子女能够找到适合自己的工作岗位和人生归宿，实现全面、健康的成长。

当前，很多现实的例子也表明部分学生在接受职业教育之后，在社会上更早得到了锻炼，提升了社会适应能力，在融入社会之后更加珍视自己的工作并找准了人生方向，努力在平凡的岗位上进行奋斗。在职业教育正常化的背景下，更需要职业院校、家长和企业给予职业

---

① 武智、孙兴洋、赵明亮：《教育生态学视域下高职教育内涵式发展对策研究与实践》，《黑龙江高教研究》2018年第4期。

② 林山丁：《我国职业教育扶贫政策研究——基于政策工具视角》，硕士学位论文，浙江工业大学，2020。

教育更加公平、公正、客观的评价，为职业教育在中国未来可持续发展中营造良好的社会环境，奠定坚实的民心基础①。

从职业学校的发展历程看，国家为推动职业院校发展出台了多项协同政策，为职业院校发展创造了良好的外部环境。但在实际操作和运行过程中，由于没有跟上职业教育发展的步伐，很多法律制度都已滞后，亟待修订完善，很多具体的政策缺少硬性的法律约束，导致地方政府在落实过程中会结合本地的实际需求和地方利益进行选择性落实或变相处置，在很大限度上影响了国家政策的效果。当前，职业学校出现了国家很重视、社会很需要，但具体办学环节滞后的尴尬局面。近几年，随着中国经济结构调整和产业结构升级，社会对职业学校毕业生的需求量越来越大，但从整体看，中国职业学校生源数量却没有明显增长，这就出现了社会需求旺盛但生源不足的奇怪现象。一方面，当前高中在校生人数众多，高考升学压力较大，部分高中毕业生不得不选择接受实用技术类的高等教育，进入职业教育领域学习；另一方面，职业学校招生困难，优秀毕业生被企业争抢。因此，必须从制度设计和监管措施等方面对当前的职业教育进行政策调整。特别是当前公众对于职业教育存在的错误认识，在无形中蚕食了职业教育的生存空间，影响了职业教育对于技术技能型人才的培养。

政府要采取积极、有效措施，从政策落实到位、招生环节透明、资金拨付到位等多个环节入手，解决好职业学校招生难的问题，从根本上提升职业教育的基础能力，加强师资队伍建设，通过制度设计和落实，解决职业教育系统内隐藏的腐败问题，让职业教育能够真正地在中国大地上获得良好的发展空间，主动承担起职业教育应有的历史使命。同时，职业学校还需革新办学体制和机制，以特色专业（群）建设为抓手，不断完善专业动态调整机制……健全教学质量诊断和工作改进体系，大力提升办学质量，铸造具有中国气派、中国风格和世

---

① 刘晓、石伟平：《高等职业教育办学模式改革论纲——基于利益相关者理论的视角》，《职教通讯》2013 年第 28 期。

界水平的职业教育品牌①。

（三）正视职业教育"三重三轻"问题，拓宽职业教育发展路径

一直以来，职业教育始终存在"三重三轻"的问题。具体而言，一是职业教育重传技，轻育人。以高职院校为例，有相当比例的在校生系家庭第一代大学生，约 1/2 的学生来自农民或新型产业工人家庭。不少学生在入校前有过老师态度不好、家长脸色不好、自己心情不好的经历。在这些学生中，缺乏自信心和学习主动性、自觉性严重不足的现象普遍存在。在人才培养过程中，许多高职院校没有真正了解学生的现状，没有真正把立德树人当作自己的本职工作，没有把激发学生内在的学习动机放在显著的地位，只关注知识的传授，不关心学生人格的塑造，不关心学生的获得感。

二是职业教育重共性、轻个性。我国职业教育发展快、模式与经验积累少，加上社会和企业配合度低、教师自身素质达不到要求等因素的影响，导致学校在人才培养过程中主要精力放在解决共性问题上，难以实现因材施教，忽视了教育的初心是促进学生个体的发展。随着生源结构多元化和学生个体差异性对人才培养过程中活动的不同响应日趋明显，这种做法已成为全面提升人才培养质量的一个制约因素。

三是职业教育重专业能力、轻职业核心能力。现代制造业高度信息化、自动化、智能化，在一定程度上降低了对劳动者技能素质的要求。当前，高职院校主要采取反复训练的方式来培养学生娴熟的岗位所需的技能，这实际上是将高职院校学生的培养"工具化"，因此，这种模式培养出来的学生很容易被工业机器人所替代。多数高职院校在人才培养过程中注重知识的传授及技能的训练，却疏忽了科技的发展和岗位的变化对劳动者自我管理、团队协作、沟通交流、创新创业、职业迁移和可持续发展等核心能力提出的更高要求，没有把学生职业核心能力的培养放到提高人才培养质量关键点的高度，从而造成

---

① 武智、孙兴洋、赵明亮：《教育生态学视域下高职教育内涵式发展对策研究与实践》，《黑龙江高教研究》2018 年第 4 期。

了高职院校学生培养目标的偏差。

从当前高职院校专业设置来看，很多院校的专业设置都以应用型专业为主，这种专业设计方式，一方面，满足了经济、社会发展和企业、行业对专业技术技能型人才的需求；另一方面，也会影响高职院校学生接受系统的文化理论课学习。相较而言，高职院校学生在职业技能、动手能力方面要优于普通高等院校学生，但在文化素质方面确实与普通高等院校的学生存在较大差距。究其原因，主要是高职院校的学生大部分是高考分数没有达到普通高等院校录取线的学生，还有部分学生是中职毕业生，这些学生进入高职院校学习存在一定的心理负担，往往认为自己是被淘汰的对象，缺少学习的积极性和主动性，对于理论课重视程度不够，认为自己只要掌握了技术就能够顺利实现就业，进而得到社会的认可。

此外，当前社会对职业教育还存在一定偏见，认为职业教育与普通高等教育存在层次差异，前者与后者相比层次较低，这也在一定程度上影响了职业院校学生的自信心和学习积极性。在校期间，学生只是根据学校的学习计划按部就班地进行学习，但这些学习计划主要是根据当前的就业形势和企业需求来制订的，并没有结合学生的个性特点，因此，容易引起学生的消极逆反心理。职业教育工作者自己也会对职业教育产生错误认知，甚至将学生作为提高就业率的"工具"，从而忽视职业教育以人为本的属性，容易滋生一系列的社会问题。

正视和解决职业教育"三重三轻"问题，首先要推进职业教育改革。当前，我国正处于多种经济体制并存阶段，产业结构调整势在必行，而一、二、三产业中劳动密集型与技术密集型、知识密集型产业相互交织。从职业教育人才培养与产业结构调整关系来看，如果要职业教育培养出来的学生适合产业结构发展，适合企业发展需求，就必须按照终身教育的目标对职业教育进行改革和创新①。

一方面，要以关键改革作为先导，既要改变社会对职业教育的刻板认知，也要改变职业学校内部管理者与教师对自身定位的错误认

---

① 《国务院关于印发〈中国制造 2025〉的通知》，国发〔2015〕28 号。

知，进而更好地开展教育教学活动。同时，要尊重学生的个性，从原来的关注职业教育事业发展向关注学生职业生涯发展转变。另一方面，要注重职业院校课程体系和教学内容改革，在改革过程中始终遵循终身教育理念，既要让职业学校的学生接受文化课程教育，也要将专业课程立德树人放在重要位置；既要注重学生动手能力的培养，也要夯实学生的理论基础；既要让学生掌握必备的技能，也要将思想政治教育和人文素质教育落到实处[1]。

在价值层面，个体本位论者认为：在教育过程中要将个人需求作为制定教育目的的依据，确立教育目的的根本依据是人的本性；教育目的是培养健全发展的人，发展人的本性，挖掘人的潜能，增加受教育者的个人价值；个人价值高于社会价值；教育价值评价应该从个人发展所起到的作用角度出发，并将其作为评价的标准[2]。社会本位论者认为：要从社会需求角度出发确定教育目的，个人只是教育加工的对象，教育的最终目标是将受教育者培养成为合格的社会公民；教育过程是教育者社会化的过程，通过开展系统的教育能够保障受教育者稳定的社会生活。同时，社会本位论还认为个人的生存依赖于社会，社会价值要远远高于个人价值，在教育价值评价上只能根据社会效益来具体地加以衡量。

随着素质教育的不断深入，教育观念也发生了深刻变化，部分学者片面强调社会本位观和个体本位观都存在自身的不足，这种教育价值观是不科学不客观的。因此，应该转变职业教育的价值取向，树立新人文主义的个体本位论。这一理论并没有将个人目的与社会目的对立起来，在尊重个人的基础上并不拒绝教育合理的社会目的[3]；认为教育个体价值高于社会价值，但不排斥社会价值与个体价值之间的关系；认为个人价值是社会价值实现的重要前提，社会发展进步和完善

---

① 何齐宗：《教育的新时代：终身教育的理论与实践》，人民出版社，2008，第29页。

② 文益民、易新河、韦林：《利益相关者视域下校企合作综合评价指标体系构建研究》，《中国高教研究》2015年第9期。

③ 胡宁生：《国家治理现代化：政府、市场和社会新型协同互动》，《南京社会科学》2014年第1期。

需要以社会个体的完善作为基础。

《中华人民共和国职业教育法》指出，职业教育对于推动经济、社会发展，实现劳动者就业具有重要现实意义，职业教育是新中国教育事业的重要组成部分，在社会主义现代化建设中发挥着重要作用。在教育大众化背景下，职业教育做出了突出贡献。但同时也应看到随着市场化观念的不断普及，社会的价值观念出现了新的动向，功利化的价值观念越来越得到青少年的追捧①。因此，职业教育在教育目标的确定上也不可避免地受到了功利化的影响。当前，职业教育在发展过程中存在一种认识误区：在职业教育过程中应该重点关注学生技能的培养，关注学生未来的就业前景，从而忽视了学生的道德教育和全面发展。这样的教育观念给职业教育发展带来了非常严重的负面影响。虽然新中国职业教育在国家经济发展中起到了重要作用，但当前由于受到负面信息的影响，社会公众对于职业教育的性质认识不到位、理解不清楚，甚至部分社会群体对职业教育还存在误解，认为职业教育等同于技术教育，学生接受职业教育就是接受技术培训，学生能够找到工作职业教育就算完成了目标，对于职业教育对象需要接受和必备的道德品质教育和知识结构教育选择了忽视。

新职业主义理念在西方国家产生了深远影响，并客观地推动了职业教育变革。新职业主义认为，在推动职业教育发展过程中，应该将职业教育纳入主流教育之中，实现普通教育与职业教育的有效融合，构建以培养高技能、高素质的劳动者为目标的全新职业教育体系。特别是很多职业教育发达的西方国家，开始对职业教育目标进行反思，积极倡导学生本位，关注学生个体的发展，着眼于学生职业未来规划。

职业教育活动受到社会制度、习俗、信仰及思想运动的影响，本身就是一种社会现象，是人类社会在发展过程中形成的一个子系统②。

---

① 姚树伟、谷峪：《职业教育的功能分析与目标实现》，《河北师范大学学报（教育科学版）》2014年第1期。

② 武智、孙兴洋、赵明亮：《教育生态学视域下高职教育内涵式发展对策研究与实践》，《黑龙江高教研究》2018年第4期。

职业教育发展要顺应经济、社会发展，并从经济、社会发展中汲取信息，进而保证职业教育的质量。党的十九大报告指出，当前我们要重点解决人民日益增长的美好生活需要和不平衡不充分的发展之间的矛盾，要从广大人民群众的美好生活需要出发将中国建设成为一个科技强国、网络强国、质量强国、航天强国、交通强国①。要进一步推动数字中国和智慧社会建设，始终坚持以经济发展为中心，一步一个脚印地建成社会主义现代化强国，争取到 2035 年基本实现社会主义现代化，将中国建设成为社会主义现代化强国。按照这一建设目标，社会需要大量高技术高技能人才。一方面，国家要促进职业教育发展，就要进一步转变政府职能，深化简政放权，为职业教育发展创造更宽松的外部发展环境；另一方面，要创新职业教育的监管方式，加大对职业教育的监管力度，提高职业教育政策落实的执行力，进而推动职业教育全面健康发展。要从中国实际发展出发，致力于构建更为完善的现代化经济体系，推动产业结构调整，提升经济发展质量，注重效率革命和动力革命，加大科技创新力度，构建更为完善的人力资源协同发展产业体系，继续深化改革开放，构建全面开放新格局。在文化层面，要始终坚定文化自信，立足当代中国现实，积极培育和践行社会主义核心价值观，提升中华文化在国际上的传播力和影响力，提升国家文化的软实力。在社会层面要加大制度体系创新，打造更为完善的社会治理体系②，全力以赴建设美丽中国。

教育的本质在于人的培养，通过一系列教育活动，使人的心智得到全面发展，为完善人的个性创造基础，让受教育者成为一个有教养、符合社会道德标准的人，进而提升受教育者的个人价值和社会作用。职业教育的本质也在于人的培养，通过一系列的职业教育活动，将接受职业教育的学生打造成为一个全面发展的人。从教育目的的构成看，其主要分为两个部分：一部分是对受教育者的身心素质做出的

①　习近平：《决胜全面建成小康社会 夺取新时代中国特色社会主义伟大胜利》，《人民日报》2017 年 10 月 19 日，第 2 版。
②　王晓辉：《教育决策与治理》，教育科学出版社，2010，第 105 页。

规定，要求受教育者在知识、智力、品德、体质等方面都获得全面发展，同时让受教育者形成某种个性特点，进而更好地实现个人价值；另一部分是从受教育者社会价值角度进行规定，指出受教育者应该符合什么样的社会需求，换言之，个体发展必须符合社会需要，教育的目的在于把个体培养成符合社会准则的公民，以维系社会的稳定和延续。可见，受教育者获得良好的身心素质是职业教育培养的重要目标之一；同时，还要对教育的本质和目标进行深刻理解，引导受教育者树立正确的价值观和劳动观。

职业教育政策变迁的路径依赖体现为制度变迁过程中的一种自我强化的机制。路径依赖一旦确立，职业教育政策变迁就会在过程中实现自我强化。一方面，沿着既定的路径，职业教育政策的变迁可能进入良性的循环轨道，迅速优化；另一方面，职业教育政策变迁可能顺着错误的路径往下滑，甚至被锁定在某种无效率的状态而导致停滞。新中国的职业教育政策变迁有效地释放了高职教育发展的政策空间，凸显了较强的路径依赖特征，既有自上而下的正向激励，又体现为旧政策对新政策的掣肘或约束。

近年来，随着网络信息技术的不断发展，创新成为推动经济社会发展的核心力量，为此国家开始重视创新型人才培养，出台的各项政策措施也开始关注制度的创新，制度创新则是制度变迁的重要内容。这些都赋予了新时代职业教育的新使命，更加丰富和拓展了新时代我国职业教育的受众对象和发展空间。职业教育的重点不再只是保证受教育者获得一技一艺以求得工作和生存，而是满足个体长远发展需求，并且将更大限度地与整个教育系统发展相融合①。

---

① 赵秀红、徐倩：《职教加速发展背后有何深意》，《中国教育报》2019 年 3 月 7 日，第 7 版。

结　语

纵观新中国职业教育政策变迁的历程，在不同时代的大背景下，职业教育政策在经济、社会、政治、文化、生态等诸多因素的影响下发生了深刻的变革。基于历史制度主义视角分析新中国职业教育政策，就是要将制度研究置于历史发展过程，以及具体的空间背景和时间秩序中加以解析①。采用历史制度主义视角分析新中国职业教育政策变迁具有一定的优势：其一，历史制度主义具有丰富的内涵，启示我们不仅要考察政策文本，也要考察非正式制度和程序性操作等因素对职业教育政策变迁的影响，这有助于探究制度变革前后的深层次动力机制；其二，历史制度主义遵循一定的历史逻辑、现实逻辑和制度逻辑，并且强调"制度一旦形成，便具有自我强化和自我学习机制"。在职业教育政策变迁的研究中，不同历史阶段的职业教育政策均是时下教育制度、教育体系、教育结构运行状态的反映。本书在梳理职业教育政策变迁的历史过程中，坚持以"唯物史观""线性史观"和"进步史观"为基本立场，汲取历史制度主义有关历史发展偶然性和无效性的观点，关注历史偶然因素对职业教育政策演变的价值和意义②。经过深入研究，结论如下：

1. 新中国职业教育政策是经济、社会发展驱动与政府主导的渐进性变迁的结果。新旧制度交替符合制度演变的基本逻辑，制度变迁具

---

① 刘圣中：《历史制度主义——制度变迁的比较历史研究》，上海人民出版社，2010，第32页。

② 何俊志：《结构、历史与行为——历史制度主义对政治科学的重构》，复旦大学出版社，2004，第64页。

有内生性和外生性兼备的特征，新中国职业教育政策变迁的历程印证了教育制度是利益驱动的内生资源这一说法。新中国成立以来，伴随体制和机制变革的步伐，职业教育政策发生了多次变迁，历经坎坷。改革开放之后，职业教育政策重新焕发了生机，为职业教育的实施指引了方向。21 世纪以来，职业教育经历了探索、创新、高速发展阶段。直至新时代，新中国职业教育迎来了新一轮的发展机遇和现实挑战，在办学体制、教学模式、人才培养机制等方面均面临革新。从职业教育政策变迁历程来看，不同时期的内容、特征不同，政策的结果也不相同，共同之处在于职业教育政策是政府制度安排的结果，是政府主导的渐进性变迁过程。

2. 新中国职业教育政策变迁过程是制度存续与制度断裂相继相承的演进过程。历史是一种动态的过程，以历史分期的方式探寻历史的"量变"与"质变"可窥探"变点"，探究时代的发展特性。历史制度主义认为制度变迁过程总体上被分为制度存续的"正常时期"和制度断裂的"关键性节点时期"。一方面，新中国职业教育政策具有延续性。比如新中国成立之前的实业教育，客观上为职业教育的酝酿提供了思想准备和实践经验，从相关政策内容可以看出二者具有时序相继的亲缘关系。而且，清末民初建立的实业教育体系奠定了新式教育的物质基础，其中一些发展至今，和今日我国部分职业院校乃至高校有着多重渊源，成效和影响流布至今。另一方面，新中国职业教育政策演变过程并非完全延续的。历史制度主义提出制度断裂的观点，在新中国职业教育政策变迁过程中出现了多次制度断裂的情况，如"过渡时期""探索时期"。由于偶然性因素的冲击，职业教育政策出现断裂，在一定程度上阻滞了职业教育实践的发展。总体上来看，职业教育政策是在总体延续、个别节点出现断裂的情况下发展的。

3. 新中国职业教育政策变迁是职业教育制度动态调整持续优化的过程。不同历史时期职业教育政策生成都具有一定的逻辑性和合理性，制度设计大都顺应了教育发展的大势和特定历史时期经济、社会发展的内在需求，在引领职业教育服务和适应社会生产方面做出了积极的探索和调适。但新职业教育政策的"断裂"、新政策孕育出台并取代旧政策的过程也正说明，伴随经济、社会发展环境等的显著变化，旧政策的缺陷和弊端日益暴露。如何制定更适用于一定时期职业教育发展的政策，成为职业教育领域持续关注的重要课题，对职业教育政策演进的关注也是一门"显学"。一方面，外部环境在不断变化，相应的职业教育政策也不断地及时做出调整，以适应社会发展的需要；另一方面，政策实践中产生的问题，最终要从政策层面去寻找解决之道。职业教育政策要破除其与职业教育实践的分歧与矛盾，一条根本出路是推动制度的创新。而职业教育政策的每一次有效革新，都会给职业院校人才培养及办学水平的提升带来新的动力和创造新的路径，从而有力推动职业教育事业向前发展，实现职业教育一次又一次质的飞跃。

职业教育政策本身是一种理性设计，职业教育政策的执行和教育实践能否有效落实之间并不存在必然联系，科学有效的职业教育政策是职业教育健康持续发展的必要条件，但不是充分条件。从历史制度主义的视角出发，考察新中国成立 70 多年的职业教育政策的变迁历程，只是管中窥豹，尤其是对于职业教育政策实践层面的分析研究尚显浅薄。职业教育制度的生成、完善和生效有政策演进自身的规律，这是一个系统的变化过程，具有内在规律性和周期性。新中国成立 70 多年来，我国政府在各个历史时期均重视顶层制度政策安排，引导职业教育坚持正确办学方向。我国职业教育进程的成功推进，相当程度上得益于国家基于发展的需要提出合理的政策安排，并因时因地进行动态调整，推进制度创新。尤其是进入 21 世纪以来，我国在发挥市场配置资源作用的同时，更好地发挥了政府作用，促进了职业教育的可持续发展。

经过 70 多年的风雨历程，新中国职业教育政策变迁动态地反映了职业教育发展的全貌，时至今日还在进行着动态调整。我国是一个幅员辽阔、人口众多的大国，各地的资源禀赋、经济条件、文化习惯等差异性较大，不同时期的经济水平、产业背景、民众观念也明显不同。在不同阶段致力于发展不同层次不同类型的职业教育，是 70 多年职业教育进程的重要经验，其显示的是既遵循职业教育发展的基本规律，又尊重自身的国情特点，从而形成了具有中国特色的职业教育发展道路。在可预见的将来，我国将更加重视发展不同层次、类型的职业教育，构建符合国情的职业教育与培训体系；更加重视职业教育实践创新和改革探索，形成育训结合、德技并修的培养模式。我国职业教育经历了从创办到改革发展的历程，逐步创新性地形成了育训结合、德技并修的培养模式，成长为一种新的类型教育。比如，作为育训结合、德技并修的集中体现，国家设计了"学历证书+若干职业技能等级证书"制度（1+X 证书制度），这将进一步丰富中国特色职业教育育人与培训有机结合的经验，体现中国特色职业教育发展模式的基本内涵。

随着研究和实践的深入，党和国家越来越重视职业院校和地方的创新精神，鼓励职业院校因地制宜，有效利用当地的政策环境、产业环境、资源条件等，探索特色发展模式，进而为全国职业教育的发展提供有益经验，体现了渐进式改革实施的特点，逐步形成"制度创新试点—实践验证反馈—大范围推广普及"的模式。我们坚信具有中国特色、中国风格、中国气派的职业教育政策体系会更加优化和完善，今后出台的职业教育政策的预见性会更强，可操作性会更好，导向性会更明确，也必然能更好地引领和推动新时代职业教育向更高质量、更高水平和更高层次迈进。

参考文献

一、基本资料

1. 中共中央文献研究室. 十一届三中全会以来党和国家重要文献选编［M］. 北京：人民出版社，1981—1982.

2. 中国大百科全书教育编辑委员会. 中国大百科全书（教育卷）［M］. 北京：中国大百科全书出版社，1985.

3. 中国教育年鉴编辑部. 中国教育年鉴［M］. 长沙：湖南教育出版社，1986.

4. 国家教育委员会职业技术教育司. 全国职业技术教育工作会议文件汇编［M］. 北京：北京师范大学出版社，1986.

5.《教育百科辞典》编委会. 教育百科辞典［M］. 北京：中国农业科技出版社，1988.

6. 国家教育委员会职业技术教育司. 职业技术教育文件选编1978—1988［M］. 北京：生活·读书·新知三联书店，1989.

7. 中共中央文献研究室. 十二大以来重要文献选编［M］. 北京：人民出版社，1987—1988.

8. 国家教委政策法规司. 中华人民共和国教育法规实用要览（1949—1996）［M］. 广州：广东教育出版社，1996.

9. 何东昌. 中华人民共和国重要教育文献（1976—1990）［M］. 海口：海南人民出版社，1998.

10. 何东昌. 中华人民共和国重要教育文献（1991—1997）［M］. 海口：海南人民出版社，1998.

11. 中共中央文献研究室. 建国以来重要文献选编：第 1—20 册
［M］. 北京：中央文献出版社，1999.

12. 中共中央文献研究室. 十四大以来重要文献选编［M］. 北京：人民出版社，1996—1999.

13. 杨金土. 30 年重大变革：中国 1979—2008 年职业教育要事概录（上、下）［M］. 北京：教育科学出版社，2011.

14. 中共中央文献研究室. 十六大以来重要文献选编（上、中）［M］. 北京：中央文献出版社，2005.

15. 教育部职业教育与成人教育司. 2004 年全国职业教育工作会议文件汇编［M］. 北京：高等教育出版社，2006.

16. 国家统计局国民经济综合统计司. 新中国五十五年统计资料汇编［M］. 北京：中国统计出版社，2005.

17. 《中国高等职业教育改革与发展报告》年度文件资料汇编编写组. 中国高等职业教育改革与发展报告：2006 年度高等职业教育文件资料汇编［M］. 北京：高等教育出版社，2007.

18. 改革开放 30 年中国教育改革与发展课题组. 教育大国的崛起（1978—2008）［M］. 北京：教育科学出版社，2008.

19. 人民出版社. 国家中长期教育改革和发展规划纲要 2010—2020 年［M］. 北京：人民出版社，2010.

20. 中共中央党史研究室. 中国共产党历史：第二卷（1949—1978）［M］. 北京：中共党史出版社，2011.

21. 教育部职业教育与成人教育司. 职业教育与成人教育文件汇编（2001—2010 年）［M］. 北京：高等教育出版社，2011.

22. 教育部职业教育与成人教育司. 2011 年职业教育与成人教育文件汇编［M］. 北京：高等教育出版社，2012.

23. 教育部职业教育与成人教育司. 2012 年职业教育与成人教育文件汇编［M］. 北京：高等教育出版社，2013.

24. 教育部职业教育与成人教育司. 中国职业教育与成人教育 2004 年工作年鉴［M］. 北京：高等教育出版社，2006.

25. 教育部职业教育与成人教育司. 中国职业教育与成人教育

2007 年工作年鉴［M］．北京：高等教育出版社，2009.

26.《中国高等职业教育改革与发展报告》年度文件资料汇编编写组．中国高等职业教育改革与发展报告：2010 年度文件资料汇编［M］．北京：高等教育出版社，2012.

27.《中国高等职业教育改革与发展报告》年度文件资料汇编编写组．中国高等职业教育改革与发展报告：2011—2012 年度文件资料汇编［M］．北京：高等教育出版社，2013.

28.《中国高等职业教育改革与发展报告》年度文件资料汇编编写组．中国高等职业教育改革与发展报告：2013 年度文件资料汇编［M］．北京：高等教育出版社，2014.

29.《中国高等职业教育改革与发展报告》年度文件资料汇编编写组．中国高等职业教育改革与发展报告：2014 年度文件资料汇编［M］．北京：高等教育出版社，2015.

30. 教育部教育规划与战略研究理事会秘书处．建设中国特色、世界水平的现代职业教育体系［M］．北京：教育科学出版社，2014.

31.《中国高等职业教育改革与发展报告》年度文件资料汇编编写组．中国高等职业教育改革与发展报告：2015 年度文件资料汇编［M］．北京：高等教育出版社，2016.

32.《中国高等职业教育改革与发展报告》年度文件资料汇编编写组．中国高等职业教育改革与发展报告：2016 年度文件资料汇编［M］．北京：高等教育出版社，2017.

33.《中国高等职业教育改革与发展报告》年度文件资料汇编编写组．中国高等职业教育改革与发展报告：2017 年度高等职业教育文件资料汇编［M］．北京：高等教育出版社，2018.

34.《中国高等职业教育改革与发展报告》年度文件资料汇编编写组．中国高等职业教育改革与发展报告：2018 年度文件资料汇编［M］．北京：高等教育出版社，2019.

35. 毛泽东．毛泽东选集：第 1—4 卷［M］．北京：人民出版社，1991.

36. 邓小平．邓小平文选：第 1—3 卷［M］．北京：人民出版社，1994.

37. 邓小平. 邓小平论教育：第 3 版 ［M］. 北京：人民教育出版社，2004.

38. 中共中央文献研究室. 江泽民论有中国特色社会主义（专题摘编）［M］. 北京：中央文献出版社，2002.

39. 胡锦涛. 胡锦涛文选：第 1—3 卷 ［M］. 北京：人民出版社，2016.

40. 习近平. 习近平总书记教育重要论述讲义 ［M］. 北京：高等教育出版社，2020.

41. 温家宝. 温家宝谈教育 ［M］. 北京：人民教育出版社，2013.

42. 朱镕基. 朱镕基讲话实录：第 1—4 卷 ［M］. 北京：人民出版社，2011.

43. 李岚清. 李岚清教育访谈录 ［M］. 北京：人民教育出版社，2003.

44. 李铁映. 中国教育改革发展探索：李铁映论教育：上下卷 ［M］. 北京：人民教育出版社，2014.

45. 中共中央文献研究室. 十三大以来重要文献选编 ［M］. 北京：人民出版社，1991.

46. 中共中央文献研究室. 建国以来重要文献选编：第 1—20 册 ［M］. 北京：中央文献出版社，2011.

二、专著

1. 上海人民出版社. 论勤工俭学 ［M］. 上海：上海人民出版社，1958.

2. 刘英杰. 中国教育大事典 ［M］. 杭州：浙江教育出版社，2004.

3. 张正身，郝炳均. 中国职业技术教育史 ［M］. 兰州：甘肃教育出版社，1993.

4. 李蔺田. 中国职业技术教育史 ［M］. 北京：高等教育出版

社，1994.

5. ［美］詹姆斯·科尔曼. 社会理论的基础［M］. 邓方，译，北京：社会科学文献出版社，1999.

6. 叶澜. 教育概论［M］. 北京：人民教育出版社，1998.

7. 陈振明. 政策科学：公共政策分析导论［M］. 北京：中国人民大学出版社，2003.

8. 吴雪萍. 国际职业技术教育研究［M］. 浙江：浙江大学出版社，2004.

9. 何俊志. 结构、历史与行为：历史制度主义对政治科学的重构［M］. 上海：复旦大学出版社，2004.

10. ［法］皮埃尔·布尔迪厄. 言语意味着什么：语言交换的经济［M］. 褚思真，刘晖，译，北京：商务印书馆，2005.

11. 李钧. 中国高等专科教育发展史［M］. 上海：学林出版社，2005.

12. 曹正汉. 观念如何塑造制度［M］. 上海：上海人民出版社，2005.

13. 沈超. 就业·收入·和谐：职业教育与经济社会和谐发展［M］. 北京：中国经济出版社，2006.

14. 祁型雨. 利益表达与整合：教育政策的决策模式研究［M］. 北京：人民出版社，2006.

15. 陈英杰. 中国高等职业教育发展史研究［M］. 郑州：中州古籍出版社，2007.

16. 石伟平. 比较职业技术教育［M］. 上海：华东师范大学出版社，2001.

17. 方展画，刘辉，傅雪凌. 知识与技能：中国职业教育60年［M］. 杭州：浙江大学出版社，2009.

18. 孙绵涛. 教育政策学［M］. 北京：中国人民大学出版社，2010.

19. 马树超. 中国高等职业教育历史的抉择［M］. 北京：高等教育出版社，2009.

20. 马耀鹏. 制度与路径：社会主义经济制度变迁的历史与现实［M］. 北京：人民出版社，2010.

21. 王晓辉. 教育决策与治理［M］. 北京：教育科学出版社，2010.

22. 马树超. 区域职业教育均衡发展［M］. 北京：科学出版社，2011.

23. 俞启定，和震. 中国职业教育发展史［M］. 北京：高等教育出版社，2012.

24. 闻友信，杨金梅. 职业教育史［M］. 北京：高等教育出版社，2012.

25. ［美］道格拉斯·C. 诺思. 制度、制度变迁与经济绩效［M］. 杭行，译. 上海：格致出版社，2014.

26. 周建松，唐林伟. 高等职业教育校企合作长效机制研究［M］. 杭州：浙江工商大学出版社，2014.

27. 陈青之. 中国近现代文化思想学术文丛：中国教育史［M］. 北京：中国书籍出版社，2016.

28. 王坤. 中国中等职业教育课程政策研究（1949—2013）［M］. 重庆：西南师范大学出版社，2017.

29. 徐国庆. 从分等到分类：职业教育改革发展之路［M］. 上海：华东师范大学出版社，2018.

30. 刘圣中. 历史制度主义：制度变迁的比较历史研究［M］. 上海：上海人民出版社，2010.

31. ［美］凯瑟琳·西伦. 比较政治学中的历史制度主义［M］. 何俊志，等编译. 新制度主义政治学译文精选. 天津：天津人民出版社，2005.

32. ［美］戴维·伊斯顿. 政治体系：政治学状况研究［M］. 马清槐，译. 北京：商务印书馆，1993.

33. 张玉法. 现代史的分期问题［M］. 台南：久洋出版社，1985.

34. 李锡云. 我国高等体育职业技术院校办学模式研究［M］. 北

京：北京体育大学出版社，2008.

35. 潘懋元. 中国高等教育大众化的结构与体系 ［M］. 广州：广东高等教育出版社，2009.

三、期刊论文

1. 安东平，朱德全. 论职业教育公平的多中心治理 ［J］. 职教论坛，2015（13）：4-8.

2. 曹胜. 制度与行为关系：理论差异与交流整合：新制度主义诸流派的比较研究 ［J］. 中共天津市委党校学报，2009，11（4）：57-61.

3. 陈波涌. 半工半读职业教育思潮（上）［J］. 职教论坛，2004（28）：60-62.

4. 陈友力. 改革开放四十年中国高等职业教育政策的变迁：历史、结构与动力 ［J］. 教育学术月刊，2018（12）：12-21.

5. 陈玺名. 职业教育校企合作中的计划与市场 ［J］. 现代教育管理，2015（1）：109-113.

6. 郭广军.《职业教育法》修订的对策和建议 ［J］. 教育与职业，2015（9）：5-8.

7. 何俊志. 结构、历史与行为：历史制度主义的分析范式 ［J］. 国外社会科学，2002（5）：25-33.

8. 胡宁生. 国家治理现代化：政府、市场和社会新型协同互动 ［J］. 南京社会科学，2014（1）：80-86，106.

9. 贾建国. 我国高等职业教育制度的改革与创新：基于相关利益者的视角 ［J］. 职教论坛，2009（22）：14-17.

10. 康元华. 产业结构演变与职业教育的互动关系 ［J］. 经济研究导刊，2011（33）：204-206.

11. 匡远配，陈红颖，夏金星. 农村职业教育的公共产品特征分析 ［J］. 农村经济，2007（2）：115-118.

12. 蓝洁. 职业教育治理体系与治理能力现代化的框架 ［J］. 教育与职业，2014（23）：5-7.

13. 雷世平，姜群英. 试论公共财政视域下的农村职业教育供给 [J]. 职教论坛，2015（1）：56-59.

14. 李名梁，吴书瑶. 职业教育院校与外部利益相关者的博弈分析及发展策略 [J]. 理论与现代化，2013（1）：106-111.

15. 李名梁. 应重视职业教育相关者的利益诉求 [J]. 职业技术，2012（11）：1.

16. 李名梁，高磊. 基于利益相关者视角的职业教育吸引力研究 [J]. 职教通讯，2011（7）：25-29.

17. 孙妍，李名梁. 高等教育服务产品质量管理研究 [J]. 西南交通大学学报（社会科学版），2006（3）：63-67.

18. 黄立志，李名梁. 五年来我国职业教育与区域经济协调发展研究综述 [J]. 职教通讯，2010（6）：22-25.

19. 李梦卿，刘晶晶. 我国职业教育 150 年的局变与势况 [J]. 中国职业技术教育，2016（34）：71-76.

20. 李玉静. 世界各国职业教育层次结构发展探析 [J]. 职业技术教育，2014（22）：17-22.

21. 李祖超. 教育经费筹措方法的比较与借鉴 [J]. 教育理论与实践，2002（3）：18-22.

22. 刘占山. 加快构建现代化的职业教育治理体系 [J]. 职教论坛，2014（13）：6-7.

23. 刘心俐. 用"工匠精神"创新职业教育人才培养模式 [J]. 未来与发展，2020，44（9）：58-62+40.

24. 刘晓，石伟平. 高等职业教育办学模式改革论纲：基于利益相关者理论的视角 [J]. 职教通讯，2013（28）：1-5.

25. 刘圣忠. 理念与制度变迁：历史制度主义的理念研究 [J]. 复旦公共行政评论（第 6 辑），2010（00）：74-85.

26. 林克松，石伟平. 改革语境下的职业教育研究：近年中国职业教育研究前沿与热点问题分析 [J]. 教育研究. 2015，424（5）：89-97.

27. 陆俊杰. 职业教育发端与发展的逻辑辨析 [J]. 职业技术

育，2015，36（6）：44-48.

28. 栾兆云. 职业教育多元化投资的主体动机、风险及防范[J]. 教育与职业，2015（25）：5-9.

29. 吕普生. 中国行政审批制度的结构与历史变迁：基于历史制度主义的分析范式[J]. 公共管理学报，2007（1）：25-32，121.

30. 闵维方. 职业技术教育的经济效益研究：理论探讨与案例分析[J]. 教育研究，1991（10）：31-40.

31. 牛征. 中国职业教育投资的问题与对策[J]. 山东教育科研，2002（8）：8-12.

32. 潘懋元，朱乐平. 高等职业教育政策变迁逻辑：历史制度主义视角[J]. 教育研究，2019，40（3）：117-125.

33. 皮江红. 论职业教育成本分担的完善[J]. 高等农业教育，2008（2）：74-78.

34. 覃壮才. 市场化及其危机：20年来我国职业教育政策发展的基本取向分析[J]. 比较教育研究，2003（11）：79-84.

35. 秦惠民，王名扬. 我国高等教育评估制度演变的社会基础与制度逻辑：基于历史制度主义的分析[J]. 中国高教研究，2015（10）：1-6+21.

36. 任雪园，闫广芬. 我国职业教育行业企业办学的历史变迁与制度逻辑：基于历史制度主义的分析范式[J]. 中国职业技术教育，2021（3）：61-68.

37. 阮成武. 我国义务教育均衡发展政策的演进逻辑与未来走向[J]. 教育研究，2013，34（7）：37-45.

38. 谭融，郝丽芳. 论新制度主义三大流派的分歧与融合[J]. 理论与现代化，2013（6）：5-10.

39. 唐春，唐建华. 教育治理体系与治理能力现代化研究[J]. 重庆电子工程职业学院学报，2014，23（5），83-85.

40. 唐明良，张红梅，张涛. 基于教育治理能力现代化的职业教育治理体系构建[J]. 教育与职业，2015（34）：5-9.

41. 涂端午. 教育政策文本分析及其应用[J]. 复旦教育论坛，

2009, 7 (5): 22-27.

42. 王春燕, 侯光. 国外职教法对我国职业教育法修订的启示 [J]. 中国职业技术教育, 2014 (15): 62-64, 69.

43. 王宜秋, 郑萍, 于晓雷, 等. 当前国内毛泽东思想研究述评 [J]. 社会科学管理与评论, 2012 (4): 78-94.

44. 王向民. 公众人物如何影响中国政策变迁 [J]. 探索与争鸣, 2015 (12): 67-71.

45. 王富丽. 建国后十七年职业学校的发展与启示 [J]. 职教通讯, 2013 (4): 60-62.

46. 王茹. 改革开放初期我国高等职业教育的起步与发展 [J]. 教育理论与实践, 2008, 28 (11): 28-30.

47. 王迎, 魏顺平. 近十五年我国职业教育政策文本计量分析研究 [J]. 中国职业技术教育, 2012 (12): 42-48.

48. 王树荫. 人的彻底解放与全面发展: 中国共产党百年思想政治教育的价值导向 [J]. 马克思主义研究, 2020 (10): 95-107, 168.

49. 文益民, 易新河, 韦林. 利益相关者视域下校企合作综合评价指标体系构建研究 [J]. 中国高教研究, 2015 (9): 58-62.

50. 武智, 孙兴洋, 赵明亮. 教育生态学视域下高职教育内涵式发展对策研究与实践 [J]. 黑龙江高教研究, 2018. 36 (4): 127-130.

51. 武智. 关于构建高职教育政企校协同育人共同体的思考 [J]. 教育与职业, 2018 (10): 49-52.

52. 武智. 民族团结教育中的包容策略 [J]. 贵州民族研究, 2018, 39 (10): 192-195.

53. 肖凤翔, 黄晓玲. 职业教育治理: 主要特点、实践经验及研究重点 [J]. 河北师范大学学报 (教育科学版), 2015. 17 (2): 35-39.

54. 肖凤翔, 李亚昕, 陈潇. 论现代职业教育治理中企业权利的重构 [J]. 职教论坛, 2015 (24): 5-8.

55. 向静林, 田凯. 坎贝尔制度变迁理论及其对我国地方政府制度创新研究的启示 [J]. 中共浙江省委党校学报, 2015, 31 (1): 88-95.

56. 谢勇旗. 高等职业教育与区域经济协调发展研究: 以河北省

为例［J］. 职教论坛，2011（4）：21-24.

57. 徐兴旺，黄文胜［J］. 论当代中国高等职业教育发展的新趋势［J］. 中国职业技术教育，2015（32）：55-58+79.

58. 徐桂庭. 关于职业学校治理体系与治理能力建设的若干思考［J］. 中国职业技术教育，2014（21）：166-170.

59. 姚树伟，谷峪. 职业教育的文化建构与治理优化：基于"同心"理念［J］. 社会科学战线，2014（4）：261-263.

60. 姚树伟，谷峪. 职业教育发展动力因素分析及机制优化：基于利益相关者视角［J］. 现代教育管理，2013（12）：48-52.

61. 姚树伟，谷峪. 职业教育的功能分析与目标实现［J］. 河北师范大学学报（教育科学版），2014，16（1）：86-89.

62. 谷峪，姚树伟，王冰. 公平视野下职业教育发展的环境建设与关系考量［J］. 教育研究，2013，34（9）：78-83.

63. 杨福禄. 关于历史制度主义［J］. 山东师范大学学报（人文社会科学版），2006（4）：8-12.

64. 赵伟. 新时代职业教育主要矛盾析［J］. 中国职业技术教育，2017（34）：49-56.

65. 赵志群. 对我国制造业职业教育创新与发展的战略思考与对策建议［J］. 中国职业技术教育，2008（4）：9-12.

66. 赵琳，冯蔚星. 中国职业教育兴衰的制度主义分析："市场化"制度变迁的考察［J］. 清华大学教育研究，2003（6）：41-46.

67. 庄德水. 论历史制度主义对政策研究的三重意义［J］. 理论探讨，2008（5）：142-146.

68. 周光礼，吴越. 我国高校专业设置政策六十年回顾与反思：基于历史制度主义的分析［J］. 高等工程教育研究，2009（5）：62-75.

69. 周明星. 30年中国特色职业教育的发展［J］. 职业技术教育，2008，29（30）：26-39.

70. 詹姆斯·马霍尼，凯瑟林·西伦. 渐进式制度变迁理论［J］. 郭为桂，王超杰，译. 国外理论动态，2017（2）：29-42.

71. 习近平. 决胜全面建成小康社会 夺取新时代中国特色社会主义伟大胜利 [N]. 人民日报, 2017-10-19 (2).

72. 李克强. 政府工作报告：二〇一九年三月五日在第十三届全国人民代表大会第二次会议上 [N]. 人民日报, 2019-03-17 (1-2).

73. 赵秀红, 徐倩. 职教加速发展背后有何深意 [N]. 中国教育报, 2019-03-07 (7).

74. 熊丙奇. 要靠政策解决职业教育"低人一等" [N]. 中国青年报, 2009-01-12 (8).

75. 刘晓, 张璐. 开展中职、高职与普通本科分段培养试点 [N]. 南京日报, 2012-06-15 (1).

76. 李剑平. 重拾国企参与办职教的责任 [N]. 中国青年报, 2012-09-17 (11).

77. 陈衍. 未来农村职教政策"落子"何处 [N]. 中国教育报, 2013-03-19 (5).

78. 和震. 探索职业教育政策未来走向 [N]. 中国社会科学报, 2019-04-04 (6).

79. 李玉兰, 练玉春. 从谋求"饭碗"到追求梦想：党的十八大以来全国职业教育发展纪实 [N]. 光明日报, 2018-09-14 (8).

80. 王家源. 写好新时代职业教育与继续教育奋进之笔 [N]. 中国教育报, 2018-03-17 (2).

81. 李志敏. 加快制定和完善现代职业教育发展政策 [N]. 本溪日报, 2017-01-09 (5).

82. 苗晓丹. 人均 GDP1 万美元阶段德国教育政策的变化 [N]. 上海文汇报, 2016-05-28 (7).

83. 刘志仓. 强化政策支持保障 加快职业教育发展 [N]. 民主协商报, 2016-05-13 (7).

84. 李海楠. 加快现代职业教育发展政策路径明朗 [N]. 中国经济时报, 2015-09-23 (2).

85. 刘重才. 政策力推职业教育改革创新 [N]. 上海证券报, 2015-10-27 (6).

86. 许玲然. 职业教育"破局"路在何方［N］. 联合日报，2015-03-26（3）.

87. 李建忠. 印度：改革始于公平［N］. 中国教育报，2014-09-24（9）.

88. 薛二勇，高莉. 农民工职业教育与培训体制改革亟须政策助力［N］. 人民政协报，2013-07-17（10）.

89. 崔盛. 改革财税政策以促进职业教育［N］. 学习时报，2013-10-07（9）.

90. 胡一峰. 以创新举措不负职业教育政策利好［N］. 科技日报，2019-03-11（2）.

91. 陈子季. 职业教育从"大有可为"到"大有作为"［N］. 中国教育报，2020-10-13（9）.

四、学位论文

1. 易元祥. 中国高等职业教育的发展研究［D］. 武汉：华中科技大学，2004.

2. 陈红艳. 新中国农村职业教育政策分析［D］. 西安：陕西师范大学，2006.

3. 周宁宁. 论我国高等职业教育法律制度的完善［D］. 湘潭：湘潭大学，2006.

4. 付雪凌. 高等教育大众化进程中高等职业教育发展研究：国际比较的视角［D］. 上海：华东师范大学，2008.

5. 乔佩科. 中国高等职业教育政策发展研究［D］. 沈阳：东北大学，2009.

6. 储诚炜. 新中国农民教育发展研究［D］. 咸阳：西北农林科技大学，2010.

7. 亓俊国. 利益博弈：对我国职业教育政策执行的研究［D］. 天津：天津大学，2010.

8. 雷冬玉. 基础教育课程改革预期目标的偏离与调控研究［D］. 长沙：湖南师范大学，2010.

9. 陈福祥. 公共性职业教育培训的有效供给［D］. 重庆：西南大学，2011.

10. 刘贞. 改革开放以来我国中等职业教育发展研究［D］. 保定：河北大学，2011.

11. 韩丹. 新中国大学生思想政治教育政策变迁研究：基于历史制度主义的视角［D］. 武汉：华中科技大学，2012.

12. 唐智彬. 农村职业教育办学模式改革研究［D］. 上海：华东师范大学，2012.

13. 郭建明. 改革开放进程中的中国国家自主性研究：一种历史制度主义的分析视角［D］. 北京：中共中央党校，2013.

14. 蒋春洋. 制度分析视角下我国高等职业教育发展研究［D］. 长春：东北师范大学，2013.

15. 姚媛. 中国社会工作职业化的制度分析：一个历史制度主义的分析框架［D］. 金华：浙江师范大学，2014：39.

16. 王坤. 新中国中等职业教育课程政策研究［D］. 重庆：西南大学，2014.

17. 马燕. 我国本科层次职业教育发展研究［D］. 天津：天津大学，2015.

18. 陈小平. 我国农业中等职业教育投资效率研究［D］. 咸阳：西北农林科技大学，2016.

19. 李树陈. 国家治理体系现代化视角下的职业教育政策研究［D］. 北京：中共中央党校，2016.

20. 段宇波. 制度变迁的历史与逻辑：历史制度主义的视角［D］. 太原：山西大学，2016.

21. 龚雯. "对接"视域下的职业教育"双证书"课程模式研究［D］. 天津：天津大学，2017.

22 陈潇. 现代职业教育治理的政府责任研究［D］. 天津：天津大学，2017.

23. 蒋庆荣. 协同治理视角下中国高等职业教育治理模式研究［D］. 长春：吉林大学，2018.

24. 丰俊功. 中国政治体制改革的实践逻辑研究（1978—2007）：基于历史制度主义的视角［D］. 北京：中共中央党校，2019.

25. 靳亮. 历史制度主义视角下中央政府文化管理体制变迁动力研究（1949—2019）［D］. 武汉：武汉大学，2019.

26. 冯钰平. 新制度主义视域下中国学位制度变迁研究［D］. 南昌：江西财经大学，2019.

27. 程宇. 中国职业教育与经济发展互动效应研究［D］. 长春：吉林大学，2020.

28. 林山丁. 我国职业教育扶贫政策研究：基于政策工具视角［D］. 杭州：浙江工业大学，2020.

五、外文资料

1. AMARAL P M. Education policy and its international dimension: theoretical approaches［J］. Educação e Pesquisa, 2010 (4): 78-80.

2. ARTHUR W B. Increasing returns and path dependence in the economy［M］. Ann Arbor: University of Michigan Press, 1994.

3. BECKER G. Investment in human capital: a theoretical analysis［J］. Journal of political economy, 1962 (70): 9-49.

4. CHARLES O J. An introduction to the study of public policy (2nd ed.)［M］. North Scituate, Massachusetts: Duxbury Press, 1977.

5. CHARLES O J. An introduction to the study of public policy (3nd ed.)［M］. Monterey, California: Brooks/Coles Publishing Company, 1984.

6. EDWARDS G C, SHARKANSKY I. The policy predicament: making and implementing public policy［M］. San Francisco: W. H. Freeman & Co. Ltd, 1978.

7. HALL P A, TAYLOR R C. Political science and the three new institutionalisms［J］. Political Studies, 1996 (44): 936-957.

8. HAROLD D, DANSEL L (eds.). "The policy orientation" in the policy sciences: recent developments in scope and methods［M］. California: Stanford University Press, 1951.

9. HILL M. The policy process: a reader [M]. New York: Harvester & Wheatsheaf, 1993.

10. LIU W M, PHONG T H N. Elections, political competition and bank failure [J]. Journal of financial economics, 2014, 112 (2): 251-268.

11. LUCAS R E. On the mechanics of economic development [J]. Journal of monetary economics, 1988, 22 (1): 3-42.

12. PRESSMAN J L, WIDAVSKY A. Implementation [M]. Berkeley: University of California Press, 1979.

13. STEINMO S, THELEN K, LONGSTRETH F. Structuring politics: historical institutionalism in comparative analysis [M]. Cambridge: Cambridge University Press, 1992.

14. TAYLOR S, et al. Educational policy and the politics of change [M]. London and New York: Routledge, 1997.

附录：新中国职业教育相关政策文件
（1949—2019）

序号	颁布时间	颁布部门	政策文件
1	1949 年 9 月 29 日	全国政协	《中国人民政治协商会议共同纲领》
2	1950 年 6 月 1 日	政务院	《关于开展职工业余教育的指示》
3	1950 年 8 月 1 日	教育部	《中等学校暂行校历（草案）》
4	1950 年 8 月 14 日	教育部	《专科学校暂行规程》
5	1950 年 12 月 14 日	政务院	《关于举办工农速成中学和工农干部文化补习学校的指示》
6	1951 年 3 月 1 日	教育部	《职工业余教育暂行实施办法》
7	1951 年 6 月	教育部	《关于加强领导私立技术补习教育的指示》
8	1951 年 6 月	教育部	《各级中等技术教育委员会暂行组织条例》
9	1951 年 10 月 1 日	政务院	《关于改革学制的决定》
10	1952 年 3 月 31 日	政务院	《关于整顿和发展中等技术教育的指示》
11	1952 年 7 月	教育部	《师范学校暂行规程（草案）》
12	1952 年 8 月 29 日	政务院	《中等技术学校暂行实施办法》
13	1952 年 8 月 29 日	政务院	《各级中等技术教育委员会暂行组织条例》
14	1952 年 10 月 11 日	教育部	《中等专业学校组织编制试行标准》
15	1953 年 5 月 29 日	政务院	《关于加强高等学校与中等技术学校学生生产实习工作的决定》
16	1953 年 7 月 4 日	教育部	《关于中等技术学校设置专业的原则的通知》

续表

序号	颁布时间	颁布部门	政策文件
17	1954 年 4 月 25 日	劳动部	《技工学校暂行方法（草案）》
18	1954 年 9 月 26 日	政务院	《关于改进中等专业教育的决定》
19	1954 年 11 月 24 日	教育部	《中等专业学校章程》
20	1956 年 2 月 1 日	劳动部	《工人技术学校标准章程（草案）》
21	1956 年 2 月 1 日	劳动部	《技工学校编制标准定额暂行规定（草案）》
22	1956 年 3 月 26 日	教育部	《中国高等学校、中等专业学校和苏联高等学校、中等专业学校直接联系的暂行规定》
23	1956 年 5 月 19 日	教育部	《幼儿师范教学计划》
24	1956 年 10 月	教育部	《高等学校与中等技术学校学生生产实习暂行规程》
25	1958 年 2 月 6 日	国务院	《学徒学习期限和生活补贴的暂行规定》
26	1958 年 4 月 4 日	中共中央	《关于高等学校和中等技术学校下放问题的意见》
27	1958 年 8 月 4 日	中共中央	《关于教育事业管理权力下放问题的规定》
28	1958 年 9 月 19 日	中共中央、国务院	《关于教育工作的指示》
29	1961 年 5 月 15 日	劳动部	《技工学校通则》
30	1961 年 10 月 23 日	教育部	《三年制中等师范学校教育计划（草案）》
31	1963 年 6 月 15 日	教育部	《中等专业学校专业目录》
32	1963 年 10 月	教育部	《关于加强高等学校和中等专业学校函授、夜校教育的通知（草案）》
33	1963 年 10 月 18 日	周恩来	《关于中小学和职业教育问题的讲话》
34	1963 年 10 月 28 日	教育部	《关于中等专业学校专业的设置和调整问题的规定》
35	1964 年 10 月 12 日	教育部	《关于中等专业学校招生和毕业分配统筹规划问题的报告》
36	1967 年 5 月 14 日	中共中央国务院	《关于半工半读学校复课闹革命和毕业生分配问题的通知》

续表

序号	颁布时间	颁布部门	政策文件
37	1973 年 7 月 3 日	国家计委、国务院科教组	《关于中等专业学校、技工学校办学中几个问题的意见》
38	1977 年 12 月 17 日	教育部、财政部	《关于普通高等学校、中等专业学校和技工学校实行人民助学金制度的办法》
39	1978 年 2 月 11 日	劳动部	《关于全国技工学校综合管理工作由教育部划归国家劳动总局的通知》
40	1978 年 11 月 11 日	国务院	《关于改变部分中等专业学校领导体制的报告》
41	1979 年 6 月 18 日	教育部	教育部征求对《全日制中等专业学校工作条例》意见的通知
42	1980 年 4 月 10 日	国务院批转教育部	《全国中等专业教育工作会议纪要》
43	1980 年 10 月 7 日	教育部、国家劳动总局	《关于中等教育结构改革的报告》
44	1980 年 11 月 5 日	教育部	《关于确定和办好全国重点中等专业学校的意见》
45	1980 年 11 月 5 日	教育部	《关于全日制中等专业学校领导管理体制的暂行规定》
46	1982 年 6 月 9 日	教育部	《县办农民技术学校暂行办法》
47	1983 年 4 月 26 日	劳动人事部	《关于改革技工学校毕业生分配制度等问题的意见》
48	1983 年 5 月 9 日	教育部等	《关于改革城市中等教育结构、发展职业技术教育的意见》
49	1984 年 3 月 9 日	教育部	《关于 1984—1985 学年度全国中等专业学校选教师到全国重点高校学校进修的通知》
50	1984 年 5 月 15 日	教育部等	《关于高等学校举办干部专修班，中等专业学校举办干部、职工中专班的试行办法》
51	1984 年 12 月 3 日	教育部、国家计委	《关于重申中等专业学校改办大专院校审批权限的通知》
52	1985 年 1 月 29 日	教育部	《关于政企分开后，妥善处理好中专校从属关系等问题的通知》
53	1985 年 5 月 27 日	中共中央	《关于教育体制改革的决定》

续表

序号	颁布时间	颁布部门	政策文件
54	1985 年 8 月 5 日	劳动人事部	《关于技工学校改革的意见》
55	1986 年 5 月 30 日	国家教委	《关于建立职业技术教育委员会的通知》
56	1986 年 6 月 23 日	国家教委	《关于经济部门和教育部门加强合作促进就业前职业技术教育发展的意见》
57	1986 年 10 月 18 日	国家教委	《关于颁布〈普通中等专业学校设置暂行办法〉的通知》
58	1986 年 11 月 11 日	劳动人事部、国家教委	《技工学校工作条例》
59	1986 年 12 月 15 日	国务院	《普通高等学校设置暂行条例》
60	1987 年 1 月 3 日	国家教委	《关于全国职业技术教育工作会议情况的报告》
61	1990 年 3 月 9 日	国家教委	《关于中等专业学校（含中师）领导体制问题的通知》
62	1990 年 10 月 31 号	国家教委	《普通高等学校教育评估暂行规定》
63	1991 年 1 月 6 日	国家教委	《关于加强普通高等专科教育工作的意见》
64	1991 年 4 月 3 日	国家教委	《全国教育事业十年规划和"八五"计划要点》
65	1991 年 10 月 17 日	国务院	《关于大力发展职业技术教育的决定》
66	1993 年 2 月 13 日	中共中央、国务院	《中国教育改革和发展纲要》
67	1994 年 7 月 3 日	国务院	《关于〈中国教育改革和发展纲要〉的实施意见》
68	1995 年 3 月 18 日	全国人大	《中华人民共和国教育法》
69	1995 年 10 月 6 日	国家教委	《关于推动职业大学改革与建设的意见》
70	1995 年 11 月 9 日	国家教委	《关于成人高等学校试办高等职业教育的意见》
71	1995 年 12 月 19 日	国家教委	《关于开展建设示范性职业大学工作的通知》
72	1996 年 5 月 15 日	全国人大	《中华人民共和国职业教育法》
73	1997 年 9 月 24 日	国家教委	《关于加强中等职业学校教师队伍建设的意见》

续表

序号	颁布时间	颁布部门	政策文件
74	1997 年 9 月 25 日	国家教委	《关于高等职业学校设置问题的几点意见》
75	1997 年 12 月 25 日	国家教委	《关于普通中等专业学校招生并轨改革的意见》
76	1998 年 2 月 11 日	国家教委	《关于加快中西部地区职业教育改革与发展的意见的通知》
77	1998 年 2 月 16 日	国家教委	《面向二十一世纪深化职业教育教学改革的原则意见》
78	1998 年 3 月 16 日	国家教委	《关于实施〈职业教育法〉加快发展职业教育的若干意见》
79	1998 年 8 月 29 日	全国人大	《中华人民共和国高等教育法》
80	1998 年 12 月 24 日	教育部	《面向 21 世纪教育振兴行动计划》
81	1999 年 1 月 11 日	教育部、国家计委	《试行按新的管理模式和运行机制举办高等职业技术教育的实施意见》
82	1999 年 6 月 13 日	中共中央、国务院	《关于深化教育改革全面推进素质教育的决定》
83	2000 年 1 月 17 日	教育部	《关于加强高职高专教育人才培养工作的意见》
84	2000 年 3 月 15 日	教育部	《高等职业学校设置标准（暂行）》
85	2000 年 5 月 12 日	劳动保障部	《关于加快技工学校改革工作的通知》
86	2001 年 3 月 8 日	教育部	《关于做好 2001 年中等职业学校招生工作的通知》
87	2001 年 8 月 17 日	教育部	《关于在职业学校进行学分制试点工作的意见》
88	2002 年 3 月 27 日	教育部	《关于进一步办好五年制高等职业技术教育的几点意见》
89	2002 年 4 月 8 日	教育部	《新世纪高职高专教育人才培养模式和教学内容体系改革与建设项目计划》
90	2002 年 5 月 15 日	教育部	《关于加强高等职业（高专）院校师资队伍建设的意见》
91	2002 年 8 月 24 日	国务院	《关于大力推进职业教育改革与发展的决定》

续表

序号	颁布时间	颁布部门	政策文件
92	2002 年 11 月 29 日	劳动和社会保障部等三部门	《关于进一步推动职业学校实施职业资格证书制度的意见》
93	2003 年 2 月 19 日	国务院	《中华人民共和国中外合作办学条例》
94	2003 年 11 月 10 日	教育部、财政部、劳动保障部	《关于开展东部对西部、城市对农村中等职业学校联合招生合作办学工作的意见》
95	2003 年 11 月 26 日	教育部等三部门	《关于进一步发挥行业、企业在职业教育和培训中作用的意见》
96	2004 年 2 月 10 日	教育部	《2003—2007 年教育振兴行动计划》
97	2004 年 3 月 1 日	教育部	《中华人民共和国中外合作办学条例实施办法》
98	2004 年 3 月 3 日	教育部	《2003 — 2007 年教育振兴行动计划》
99	2004 年 4 月 2 日	教育部	《关于以就业为导向深化高等职业教育改革的若干意见》
100	2004 年 4 月 30 日	教育部、财政部	《关于推进职业教育若干工作的意见》
101	2004 年 9 月 14 日	教育部等七部门	《关于进一步加强职业教育工作的若干意见》
102	2004 年 10 月 19 日	教育部	《普通高等学校高职高专指导性专业目录（试行）》
103	2005 年 10 月 28 日	国务院	《关于大力发展职业教育的决定》
104	2006 年 3 月 30 日	教育部	《关于职业院校试行工学结合、半工半读的意见》
105	2006 年 7 月 24 日	财政部、教育部	《关于完善中等职业教育贫困家庭学生资助体系的若干意见》
106	2006 年 11 月 3 日	教育部、财政部	《关于实施国家示范性高等职业院校建设计划加快高等职业教育改革与发展的意见》
107	2006 年 11 月 16 日	教育部	《关于全面提高高等职业教育教学质量的若干意见》
108	2006 年 12 月 8 日	教育部、财政部	《关于确定 2006 年度"国家示范性高等职业院校建设计划"立项建设单位的通知》

续表

序号	颁布时间	颁布部门	政策文件
109	2007 年 5 月 18 日	教育部	《国家教育事业发展"十一五"规划纲要》
110	2007 年 10 月 13 日	教育部、财政部	《关于确定 2007 年度"国家示范性高等职业院校建设计划"立项建设单位的通知》
111	2008 年 4 月 3 日	教育部	《高等职业学校人才培养工作评估方案》
112	2009 年 2 月 20 日	教育部	《关于加快高等职业教育改革促进高等职业院校毕业生就业的通知》
113	2010 年 3 月 10 日	教育部办公厅	《关于应对企业技工荒做好中等职业学校学生实习工作的通知》
114	2010 年 3 月 22 日	教育部	《关于 2010 年部分高职院校开展单独招生改革试点工作的通知》
115	2010 年 5 月 5 日	中共中央、国务院	《国家中长期教育改革和发展规划纲要（2010—2020 年）》
116	2010 年 6 月 1 日	教育部、财政部	《关于进一步推进"国家示范性高等职业院校建设计划"实施工作的通知》
117	2010 年 12 月 6+9 日	教育部、财政部	《关于确定"国家示范性高等职业院校建设计划"骨干高职院校立项建设单位的通知》
118	2011 年 6 月 23 日	教育部	《关于充分发挥职业教育行业指导作用的意见》
119	2011 年 8 月 30 日	教育部	《关于推进中等和高等职业教育协调发展的指导意见》
120	2011 年 9 月 29 日	教育部	《关于推进高等职业教育改革创新引领职业教育科学发展的若干意见》
121	2012 年 3 月 16 日	教育部	《关于全面提高高等教育质量的若干意见》
122	2012 年 5 月 4 日	教育部	《关于加快推进职业教育信息化发展的意见》
123	2012 年 6 月 14 日	教育部	《国家教育事业发展第十二个五年规划》
124	2013 年 2 月 20 日	教育部等三部门	关于印发《中西部高等教育振兴计划（2012—2020）年》的通知
125	2013 年 4 月 15 日	教育部	《关于积极推进高等职业教育考试招生制度改革的指导意见》

续表

序号	颁布时间	颁布部门	政策文件
126	2013 年 6 月 5 日	教育部	《关于开展〈高等职业学校专业目录〉修订工作的通知》
127	2013 年 7 月 1 日	教育部办公厅、财政部办公厅	《关于做好"国家示范性高等职业院校建设计划"骨干高职院校建设项目 2013 年验收工作的通知》
128	2013 年 9 月 30 日	教育部办公厅、财政部办公厅	《关于做好高等职业学校提升专业服务产业发展能力项目验收工作的通知》
129	2013 年 11 月 15 日	中共中央	《关于全面深化改革若干重大问题的决定》
130	2014 年 5 月 2 日	国务院	《关于加快和发展现代职业教育的决定》
131	2014 年 6 月 16 日	教育部等六部门	《现代职业教育体系建设规划（2014—2020）》
132	2014 年 7 月 3 日	教育部	《关于学习贯彻习近平总书记重要指示和全国职业教育工作会议精神》
133	2014 年 7 月 10 日	教育部办公厅、财政部办公厅	《关于做好"国家示范性高等职业院校建设计划"骨干高职院校建设项目 2014 年验收工作的通知》
134	2014 年 8 月 25 日	教育部	《关于开展现代学徒制试点工作的意见》
135	2015 年 5 月 19 日	国务院	《中国制造 2025》
136	2015 年 6 月 18 日	教育部、人力资源社会保障部	《关于推进职业院校服务经济转型升级面向行业企业开展职工继续教育的意见》
137	2015 年 6 月 30 日	教育部	《关于深入推进职业教育集团化办学的意见》
138	2015 年 8 月 28 日	教育部	《职业院校管理水平提升行动计划（2015—2018 年）》
139	2015 年 10 月 19 日	教育部	《高等职业教育创新发展行动计划（2015—2018 年）》
140	2015 年 10 月 26 日	教育部	《普通高等学校高等职业教育（专科）专业设置管理办法》

续表

序号	颁布时间	颁布部门	政策文件
141	2016 年 1 月 14 日	教育部、财政部	《关于做好"国家示范性高等职业院校建设计划"骨干高职院校建设项目2015 年验收工作的通知》
142	2016 年 2 月 24 日	国务院	《关于落实职业教育法执法检查报告和审议意见的报告》
143	2016 年 3 月 2 日	教育部	《关于做好普通高职（专科）招生计划管理工作的通知》
144	2016 年 4 月 11 日	教育部、财政部等	《职业学校学生实习管理规定》
145	2016 年 6 月 7 日	教育部	关于印发《教育信息化"十三五"规划》的通知
146	2016 年 12 月 27 日	教育部等	《制造业人才发展规划指南》
147	2017 年 1 月 13 日	教育部	《关于公布 2017 年普通高等学校高等职业教育专业设置备案和审批结果的通知》
148	2017 年 4 月 13 日	国务院	《关于做好当前和今后一段时间就业创业工作的意见》
149	2017 年 5 月 22 日	教育部办公厅、国务院扶贫综合司	《职业教育东西协作行动计划（2016—2020 年）》
150	2017 年 8 月 31 日	教育部	《关于进一步推进职业教育信息化发展的指导意见》
151	2017 年 12 月 5 日	国务院	《关于深化产教融合的若干意见》
152	2018 年 2 月 5 日	教育部等六部门	《职业学校校企合作促进办法》
153	2019 年 1 月 24 日	国务院	《国家职业教育改革实施方案》
154	2019 年 2 月	中共中央、国务院	《中国教育现代化 2035》
155	2019 年 2 月 13 日	中共中央办公厅、国务院办公厅	《加快推进教育现代化实施方案（2018—2022 年）》
156	2019 年 3 月 18 日	教育部职业教育与成人教育司	《关于 2016 年〈高等职业教育创新发展行动计划（2015—2018 年）〉执行情况及有关工作完成情况的通报》

续表

序号	颁布时间	颁布部门	政策文件
157	2019 年 5 月 6 日	教育部等六部门	《高职扩招专项工作实施方案》的通知
158	2019 年 6 月 5 日	教育部	《关于职业院校专业人才培养方案制定与实施工作的指导意见》
159	2019 年 7 月 10 日	教育部	《国家级大学生创新创业训练计划管理办法》的通知
160	2019 年 8 月 30 日	教育部等四部门	《深化新时代职业教育"双师型"教师队伍建设改革实施方案》
161	2019 年 9 月 18 日	教育部等三部门	《中等职业教育国家奖学金评审暂行办法》
162	2019 年 10 月 16 日	教育部办公厅等十四部门	《职业院校全面开展职业培训促进就业创业行动的计划》
163	2019 年 10 月 22 日	教育部办公厅	《关于印发〈中等职业学校公共基础课程方案〉的通知》
164	2019 年 11 月 20 日	教育部办公厅	《关于加强和改进新时代中等职业学校德育工作的意见》
165	2019 年 12 月 23 日	教育部办公厅	《关于做好扩招后高职教育教学管理工作的指导意见》